はじめに

漢字能力は日常生活を送る上で、欠くことのできない基本的な能力であり、パソコンがふきゅうした現在においても、正しい知識がなければ適切な文章表現は難《むずか》しいといえます。一朝一夕《いっちょういっせき》（わずかの期間）に身につくものではありませんが、書籍《しょせき》、新聞、雑誌《し》を、漢字を意識して読むなど日ごろの努力の積み重ねが必要なことはいうまでもありません。

本書は、最近しだいに会社や学校で重要な資格とみなされるようになってきた「**漢字能力検定**」に合格できる実力を養うことに重点をおいて作成しています。また、**改定された常用漢字表**に対応しています。

特色と使い方

本書は「**練習編**」、「**実力完成編**」、「**資料編**」の三部構成になっています。

「**練習編**」では読み書きなどの問題形式別に効率的に練習。各問題は見開き二ページ、解答は書きこみ式になっています。チェックらんを利用して、くり返し練習することが上達のコツです。問題文中で＊のついた語句は「**ワンポイント**」で解説。「**漢字力がつく**」では漢字の知識や学習のこころがけなどがあり、成績アップがはかれます。

「**実力完成編**」は検定と同じ形式、問題数のテストで、検定前に、漢字能力の点検や弱点チェックをすることができます。

「**資料編**」では、漢字の最終確認《にん》ができます。

また、「**解答編**」は答え合わせのしやすい別冊《さつ》とし、まちがえやすところは「×」で親切に示し、「**チェックしよう**」は重要な語句や漢字識の解説で、はば広い漢字力の養成に役立つくふうをしています。

目　次

漢字検定6級トレーニングノート

1 漢字の読み（音読み）①
——読む力が漢字能力の基本

合格（50〜35）
もう一歩（34〜26）
がんばれ（25〜　）
得点

次の——線の漢字の読みをひらがなで書きなさい。

1 市役所で証明書をもらう。（　　）
2 水害にあった町が復興した。（　　）
3 試合は一対一の大接戦となった。（　　）
4 若《わか》い画家の作品が高く評価された。（　　）
5 民話を素材にしたオペラをみる。*（　　）
6 父は国際空港の税関につとめる。（　　）
7 祖母の体の加減が思わしくない。（　　）
8 仮説を立てて理科の実験をする。（　　）
9 となりの家との境界にへいがある。（　　）
10 自分の力を過信して失敗した。*（　　）
11 朝の駅はいつも混雑している。（　　）
12 熱は下がったが無理は禁物だ。（　　）
13 登下校で下級生を先導する。（　　）

14 身の回りの衛生に気をつける。（　　）
15 国別人口の統計をグラフで表す。（　　）
16 スケートの選手が軽快にすべる。（　　）
17 貯金通帳を見て残額を調べる。（　　）
18 衣料品の輸入が多くなった。（　　）
19 この飲み物には炭酸が入っている。（　　）
20 豊作を願って神をまつる。（　　）
21 旅行の日程を家族で確かめる。（　　）
22 県営の陸上競技場が完成した。（　　）
23 かなは日本独特の文字だ。（　　）
24 山の高さは海面を基準にしている。（　　）
25 父は自家用車を修理に出した。（　　）
26 このうつわは銅製なので重い。（　　）

27 寒いので毛布をかけてねる。（　　　）
28 長編小説を読み終える。（　　　）
29 注意点をわかりやすく表示する。（　　　）
30 三角定規を使って図形をかく。（　　　）
31 駅のまわりが整備された。（　　　）
32 作品は友人たちに絶賛*された。（　　　）
33 虫歯になった原因を考える。（　　　）
34 新聞記事を資料にして勉強する。（　　　）
35 リレーの練習について提案する。（　　　）
36 父は大学で講義をしている。（　　　）
37 人々の救助に向かう。（　　　）
38 眼下に紅《こう》葉した山々が広がる。（　　　）
39 太陽エネルギーを効果的に使う。（　　　）
40 ガラスをわったので謝罪に行く。（　　　）

41 略図をたよりに目的地をめざす。（　　　）
42 見学したことを報告し合う。（　　　）
43 会社の新しい宿舎ができ上がる。（　　　）
44 指示がなくても自分で判断する。（　　　）
45 品物がたくさん売れ利益も上がる。（　　　）
46 春休みの旅行は往路を船にした。（　　　）
47 墓前に花と線こうをそなえた。（　　　）
48 小学生の体格が向上している。（　　　）
49 エアコンは適温に設定して使おう。（　　　）
50 文句*があるならはっきり言おう。（　　　）

ワンポイント

5 素材＝もととなる材料。原料。
10 過信＝物事や人物・能力などを信じすぎること。
32 絶賛＝この上なくほめる。
50 文句＝相手に対する言い分や苦情。

漢字力がつく

漢字は、もともとはものの形を絵で表現した「**象形文字**」です。象形文字をもとに**部首**が作られ、それを組み合わせてまた漢字を作っています。

2 漢字の読み（音読み）②

——音読みは中国の読みをもとにした読み方

合格	もう一歩	がんばれ
(50〜35)	(34〜26)	(25〜　)

得点

次の——線の漢字の読みをひらがなで書きなさい。

□ 1 粉末ジュースが配布される。（　　）
□ 2 風でバラの花弁が根元に散る。（　　）
□ 3 百円均一*の店でノートを買った。（　　）
□ 4 父は市役所の課長に任命された。（　　）
□ 5 流れ作業で能率が上がる。（　　）
□ 6 もっと要領よく話しなさい。（　　）
□ 7 古い民家が公園に移築された。（　　）
□ 8 難《なん》民を救うためのお金を寄付する。（　　）
□ 9 損して得とれ（　　）
□ 10 運動会の予行演習は雨で中止だ。（　　）
□ 11 化学物質の使用を制限する。（　　）
□ 12 勢力の強い台風が上陸する。（　　）
□ 13 話の続きは容易*に考えつく。（　　）

□ 14 子どもの日には武者人形をかざる。（　　）
□ 15 消防車が火事の現場に向かう。（　　）
□ 16 冬の間に庭木に肥料をやる。（　　）
□ 17 モモの実の個数を数える。（　　）
□ 18 校長先生が講堂で話をされる。（　　）
□ 19 兄は夢中で本を読んでいる。（　　）
□ 20 晴れた夜空に銀河がかがやく。（　　）
□ 21 急に航路が変えられた。（　　）
□ 22 母は来客の応対にいそがしい。（　　）
□ 23 旧式のパソコンを使う。（　　）
□ 24 弟は時々常識はずれのことを言う。（　　）
□ 25 新しい雑誌《し》が発刊されるそうだ。（　　）
□ 26 部員の意見を総合*する。（　　）

□ 27 市議会で予算案が採決*された。（　　）
□ 28 東日本の主な幹線道路を調べる。（　　）
□ 29 家族で祖父の墓参りをした。（　　）
□ 30 夫妻はそろって海外に旅立った。（　　）
□ 31 火山の周りで地しんの観測をする。（　　）
□ 32 父のあとをついで漁師*になる。（　　）
□ 33 万一にそなえて火災保険に入る。（　　）
□ 34 条約は国と国が結ぶ約束だ。（　　）
□ 35 町の食堂は日曜日も営業している。（　　）
□ 36 入浴して体を清潔にする。（　　）
□ 37 校内の安全点検を行う。（　　）
□ 38 低気圧が南の海上を通過する。（　　）
□ 39 バスの中で心温まる情景を見た。（　　）
□ 40 車を停止させる。（　　）

□ 41 文集の序文を先生にたのんだ。（　　）
□ 42 逆転ホームランで優《ゆう》勝した。（　　）
□ 43 周囲の人間を追放する。（　　）
□ 44 なつかしい故国から便りがとどく。（　　）
□ 45 犯行を重ねてたいほされた。（　　）
□ 46 コンクール第一位の賞状をもらう。（　　）
□ 47 新しい決議文が告示された。（　　）
□ 48 永久の平和が人類の願いだ。（　　）
□ 49 雨が降《ふ》りダムの水が増加する。（　　）
□ 50 動脈は血を全身に送り出す。（　　）

ワンポイント

3 均一＝等しいこと。
13 容易＝たやすいこと。やさしいこと。
26 総合＝別々のものを一つにあわせまとめる。

27 採決＝議案の採否《ひ》を、賛否《ぴ》の数によって決めること。
32 漁師＝海や川などで漁をして生活している人。

漢字力がつく

漢字はもともと中国で生まれた文字です。一つ一つがそれぞれ音と意味を持っています。日本に漢字が伝わったときも、**文字**と**音**と**意味**とがセットになって伝わりました。

3 漢字の読み（音読み）③

――音読みは二字じゅく語が中心

次の――線の漢字の読みをひらがなで書きなさい。

□ 1 昨夜の暴風で校庭の木が折れた。（　　）
□ 2 大事な用件を手帳に書き留める。（　　）
□ 3 どんな職業につくつもりですか。（　　）
□ 4 店員の親切な態度に好感を持った。（　　）
□ 5 これは世紀の大発見だ。（　　）
□ 6 氷がとけて液体になる。（　　）
□ 7 日本の政治に関心を持つ。（　　）
□ 8 版画の年賀状を刷り上げた。（　　）
□ 9 「鳥」は象形文字といえる。（　　）
□ 10 古くからの慣例*を破る。（　　）
□ 11 鉱山で働く人たちの安全を守る。（　　）
□ 12 大気中の有害な物質を減らす。（　　）
□ 13 生まれて初めてスキーを経験した。（　　）

□ 14 努力した結果、成績が向上した。（　　）
□ 15 いくら話しても馬の耳に念仏*だ。（　　）
□ 16 主語と述語をぬき出す。（　　）
□ 17 委員会を男女八人で構成する。（　　）
□ 18 昔からの夢が実現する。（　　）
□ 19 水質調査船が試験運航を始めた。（　　）
□ 20 燃料を節約する車の開発が進む。（　　）
□ 21 責任のある仕事を受け持つ。（　　）
□ 22 世界の国々と貿易をしている。（　　）
□ 23 あれ地を切り開いて耕地*にする。（　　）
□ 24 問題解決のために話し合う。（　　）
□ 25 志願して学級委員になる。（　　）
□ 26 録画した番組を再生する。（　　）

合格	(50〜35)
もう一歩	(34〜26)
がんばれ	(25〜　)

得点

□ 27 最後にわれわれの主張が通った。（　　）
□ 28 タイの留学生との交流会を開く。（　　）
□ 29 実在の人物をモデルにした小説だ。（　　）
□ 30 歴史が大きく変わろうとしている。（　　）
□ 31 兄の意見は多くの支持*を得た。（　　）
□ 32 学校に教室使用の許可をもらう。（　　）
□ 33 動物愛護の標語を考える。（　　）
□ 34 鉄もアルミニウムも金属です。（　　）
□ 35 将《しょう》来の自分の姿《すがた》を想像*する。（　　）
□ 36 火災が起こり非常ベルが鳴る。（　　）
□ 37 大会社の組織は複雑だ。（　　）
□ 38 全員が団結して試合にのぞむ。（　　）
□ 39 国際交流はさかんになるだろう。（　　）
□ 40 守るのもひとつの戦術だ。（　　）

□ 41 余計なことは考えない。（　　）
□ 42 書類は正確に書くこと。（　　）
□ 43 祖父は大学の教授をしている。（　　）
□ 44 古い木造の建物が多い町だ。（　　）
□ 45 複数の人の意見を聞いて決める。（　　）
□ 46 牛や馬に飼料をあたえる。（　　）
□ 47 引っこした友の住居をさがす。（　　）
□ 48 各国の生活のちがいを対比する。（　　）
□ 49 健康こそ何よりの財産だ。（　　）
□ 50 委員全員に招集をかける。（　　）

ワンポイント

10 慣例＝しきたり。ならわし。
15 念仏＝（馬の耳に念仏で）話しても効き目がないこと。
23 耕地＝田畑のこと。

31 支持＝賛成してたすける。（さししめす＝指示）
35 想像＝思いうかべる。（新たに造る＝創造）

漢字力がつく　漢字の大部分は意味を表す文字（**形**）と、音を表す文字（**声**）とを組み合わせてできた「**形声文字**」です。

4 漢字の読み（訓読み）①

――訓読みは日本語の意味を漢字にあてはめた読み方

合格	もう一歩	がんばれ	得点
（50〜35）	（34〜26）	（25〜　）	

次の――線の漢字の読みをひらがなで書きなさい。

□ 1 本社が東京へ移ることになる。（　）
□ 2 大学で医学の課程を修*めた。（　）
□ 3 九州に居る姉に手紙を書く。（　）
□ 4 外国へ行ったきり消息が絶*えた。（　）
□ 5 この薬はかぜによく効くそうだ。（　）
□ 6 早起きを常としています。（　）
□ 7 ぶつぶつと独り言をいう。（　）
□ 8 罪をにくんで人をにくまず（　）
□ 9 冬と比べて昼の時間が長くなる。（　）
□ 10 食事に注意して健康を保つ。（　）
□ 11 昨夜こわい夢を見てうなされた。（　）
□ 12 風習は長い間に築かれるものだ。（　）
□ 13 険しい目つきになる。（　）

□ 14 パソコンの使い方に慣れる。（　）
□ 15 後の世まで永く名を残す。（　）
□ 16 母は何事も人任せにできない人だ。（　）
□ 17 いやなことでも快く引き受ける。（　）
□ 18 兄は妻との二人ぐらしだ。（　）
□ 19 雪解け水に春を感じる。（　）
□ 20 エラーをチーム全員に責められた。（　）
□ 21 木の幹でセミが鳴いている。（　）
□ 22 たき火のほのおが勢いを増す。（　）
□ 23 備*えあればうれいなし（　）
□ 24 祖父の法事を寺で営む。（　）
□ 25 期待に応えてがんばる。（　）
□ 26 色とりどりの糸で布を織る。（　）

□ 27 断りなく兄の本を借りる。（　　）

□ 28 駅前に公園を造*る。（　　）

□ 29 小動物を平気で殺すのはよせ。（　　）

□ 30 本当の気持ちを告げる。（　　）

□ 31 畑に薬をまいて虫の害を防ぐ。（　　）

□ 32 正解を導く方法を知る。（　　）

□ 33 年を経て子は立派《ぱ》に成長した。（　　）

□ 34 飼い犬の体重を量る。（　　）

□ 35 かれ草の下から新芽が現れる。（　　）

□ 36 電車がたいへん混んでいる。（　　）

□ 37 手間を省かずに調理する。（　　）

□ 38 早起きできないのがなやみの種だ。（　　）

□ 39 四方を美しい山に囲まれた町。（　　）

□ 40 母がセーターを編んでいる。（　　）

□ 41 貯水池の水が減ってきた。（　　）

□ 42 父はいつも的をいたことを言う。（　　）

□ 43 遠足までに足のけがが治*った。（　　）

□ 44 情けは人のためならず（　　）

□ 45 自転車を連ねてお寺をめぐる。（　　）

□ 46 今朝ウグイスの初音を聞いた。（　　）

□ 47 おぼんに先祖の墓参りをした。（　　）

□ 48 本堂でお経《きょう》を唱える。（　　）

□ 49 じょうぶな布でかばんを作る。（　　）

□ 50 きのうから気温が低くなった。（　　）

ワンポイント

2 修める＝学んで身につける。
4 絶える＝続いているものがきれる。
23 備え＝用意。準備。

28 造る＝大きなものを組み立てる。（作るとの区別）
43 治る＝病気をなおす。（直るとの区別）

漢字力がつく

訓読みは、漢字の意味と、日本にもとからあったことばとが関連づけられてできた読み方です。

5 漢字の読み（訓読み）②

――訓読みは一字の読みが多い

次の――線の漢字の読みをひらがなで書きなさい。

1 服が破れたのでつくろう。（　　）
2 大きなサルが仲間を率いている。（　　）
3 姉は駅伝のアンカーを務*めた。（　　）
4 駅前に案内所が設けられた。（　　）
5 金メダルをもらって喜ぶ。（　　）
6 救われた命を大切に生きる。（　　）
7 おりの中のクマが暴れる。（　　）
8 先日の雨で川の水が急に増えた。（　　）
9 学級会で意見を述べる。（　　）
10 畑の野菜に肥やしをあたえる。（　　）
11 飼い犬に手をかまれる。（　　）
12 内野手がこしを低くして構える。（　　）
13 妹を手招きして呼《よ》びよせた。（　　）

14 となりの庭の桜は満開だ。（　　）
15 時間を限ってテレビを見る。（　　）
16 要点をノートに書き留める。（　　）
17 今年は天の河がきれいに見えた。（　　）
18 毛筆で勢いよく字を書いた。（　　）
19 色づいたサクランボを採った。（　　）
20 すぐに問題を解く。（　　）
21 一年生になった妹の身長を測*る。（　　）
22 池にうすい氷が張っている。（　　）
23 許しを得て寺の庭で写生をする。（　　）
24 試験まで余すところ三日だ。（　　）
25 山焼きの火が燃え広がる。（　　）
26 三年の年月が過ぎ去った。（　　）

合格	(50〜35)
もう一歩	(34〜26)
がんばれ	(25〜)
得点	

27 今年もイネが豊かに実った。（　）
28 児童会の在り方について話し合う。（　）
29 働いて一家の生活を支える。（　）
30 鉄棒《ぼう》の逆上がりが得意です。（　）
31 坂を登ると額にあせがにじんだ。（　）
32 貸し出しカードで本を借りる。（　）
33 強風で庭木の枝がゆれる。（　）
34 今日のテストは易しかった。（　）
35 寒いので厚着をして外出する。（　）
36 仏の顔も三度（　）
37 兄の顔は父に似ている。（　）
38 進行方向を指で示す。（　）
39 画家になる志を立てる。（　）
40 家の電話に雑音が混じる。（　）

41 もらった子犬を仮の小屋に入れる。（　）
42 再びあやまちを起こさない。（　）
43 ほうきで落ち葉をはき寄せる。（　）
44 農地を耕して野菜を作る。（　）
45 電話の相手を確かめる。（　）
46 となりとの境にへいができた。（　）
47 仕事がなくて貧しい生活をする。（　）
48 久しぶりに魚つりに行く。（　）
49 知らない町で道に迷う。（　）
50 ふとんの中から綿が出てきた。（　）

ワンポイント

3 務める＝与《あた》えられた役目を行う。
。努める＝ものごとをいっしょうけんめいに行う。
。勤める＝与えられた仕事を毎日のように行う。

21 測る＝長さなどを明らかにする。
。計る＝まとめて数えたり、見はからって、見当をつけたりする。
。量る＝重さ・かさを明らかにする。

漢字力がつく 一つの漢字で、二つ以上の訓読みを持つものもあります。（例 親《おや》・親《した》しい）

6 漢字の読み（特別な読み方）

次の――線の漢字の読みをひらがなで書きなさい。

1 参加者は大人が三名です。（　　）
2 習った歌を上手に歌う。（　　）
3 今朝は寒さが厳《きび》しい。（　　）
4 柱時計のふりこがゆれる。（　　）
5 毎日庭のそうじを手伝う。（　　）
6 部屋の模《も》様がえをする。（　　）
7 岩の間からわく清水をくむ。（　　）
8 八百屋の店先に野菜が並《なら》ぶ。（　　）
9 弟は一人ででかけた。（　　）
10 品物は明日、お届《とど》けします。（　　）
11 真っ青な空と海です。（　　）
12 旅行で一週間家を留守にする。（　　）
13 今日から日記を書き始める。（　　）

14 お見まいに果物を持っていこう。（　　）
15 とうとう二日もねこんでしまった。（　　）
16 お母さんはいつも笑っている。（　　）
17 あの人はもの知り博士と言われる。（　　）
18 おじいさんと二人で畑を耕す。（　　）
19 母は昨日から旅行で不在だ。（　　）
20 友達と校庭で遊ぶ。（　　）
21 迷子を受付に連れていく。（　　）
22 川原でバーベキューをしよう。（　　）
23 校庭で雪合戦をした。（　　）
24 今年初めての雪が降《ふ》った。（　　）
25 美しい景色に見とれる。（　　）
26 七月七日は七夕です。（　　）

合格	(50〜35)
もう一歩	(34〜26)
がんばれ	(25〜　)
得点	

□ 27 お父さんと買物に行く。（　　）

□ 28 句読点でくぎって文章を読む。（　　）

□ 29 ねる前に雨戸を閉《し》めておく。（　　）

□ 30 毎月一日は、神社にお参りする。（　　）

□ 31 おばあさんは眼鏡をかけている。（　　）

□ 32 生きた心地のしない日々だ。（　　）

□ 33 お兄さんと野球の練習をする。（　　）

□ 34 役人の天下りが新聞にのる。（　　）

□ 35 父はカラオケで下手な歌を歌う。（　　）

□ 36 再来年は中学生になります。（　　）

□ 37 兄は真面目な性格だ。（　　）

□ 38 上着を着て出かける。（　　）

□ 39 酒屋でビールを買ってきた。（　　）

□ 40 子どもが風車を夜店で買った。（　　）

□ 41 兄弟げんかを止めに入る。（　　）

□ 42 この服はお姉さんとおそろいだ。（　　）

□ 43 リンゴが真っ赤に熟《う》れている。（　　）

□ 44 予想を上回る売り上げだった。（　　）

□ 45 その一言で場内は白けてしまった。（　　）

□ 46 二月二十日は私の誕《たん》生日です。（　　）

□ 47 金物屋でくぎを買う。（　　）

□ 48 家族でゆっくり船旅を楽しむ。（　　）

□ 49 家ののき先で雨宿りをする。（　　）

□ 50 木立に囲まれた寺だ。（　　）

ワンポイント

● **中学校で学習するじゅく字訓**（一部）

- □あずき—小豆
- □いくじ—意気地
- □いなか—田舎
- □えがお—笑顔
- □おとめ—乙女
- □かぜ—風邪
- □かわせ—為替
- □さみだれ—五月雨
- □しない—竹刀
- □しばふ—芝生
- □しらが—白髪
- □つゆ—梅雨
- □なごり—名残
- □ひより—日和
- □ふぶき—吹雪
- □みやげ—土産
- □もみじ—紅葉
- □もめん—木綿
- □もより—最寄り
- □やまと—大和
- □ゆくえ—行方

漢字力がつく

「常用漢字表」でみとめられている漢字の読みの中には、特別な読み方（**じゅく字訓**）として取り上げられているものがあります。特別な読み方は用法が限られているので、覚えてしまうようにしましょう。

7 漢字の読み（音と訓）①

——上を音、下を訓で読むのは重箱《じゅうばこ》読み

漢字の読みには音と訓があります。次のじゅく語の読みは□の中のどの組み合わせになっていますか。ア〜エの記号で答えなさい。

ア　音と音	イ　音と訓
ウ　訓と訓	エ　訓と音

□ 1 手《て》帳《ちょう》（　）
□ 2 建《けん》築《ちく》（　）
□ 3 夫《ふ》妻《さい》（　）
□ 4 薬《くすり》指《ゆび》（　）
□ 5 新《しん》型《がた》（　）
□ 6 朝《あさ》日《ひ》（　）
□ 7 両《りょう》足《あし》（　）
□ 8 花《はな》火《び》（　）

□ 9 道《みち》順《じゅん》（　）
□ 10 海《かい》岸《がん》（　）
□ 11 仮《か》定《てい》（　）
□ 12 遠《とお》浅《あさ》（　）
□ 13 新《しん》顔《がお》（　）
□ 14 夕《ゆう》飯《はん》（　）
□ 15 大《だい》仏《ぶつ》（　）
□ 16 新《しん》芽《め》（　）

□ 17 消《けし》印《いん》（　）
□ 18 暴《ぼう》風《ふう》（　）
□ 19 組《くみ》長《ちょう》（　）
□ 20 塩《しお》水《みず》（　）
□ 21 歯《は》型《がた》（　）
□ 22 指《し》示《じ》（　）
□ 23 残《ざん》高《だか》（　）
□ 24 港《みなと》町《まち》（　）
□ 25 布《ぬの》地《じ》（　）
□ 26 解《かい》決《けつ》（　）
□ 27 現《げん》場《ば》（　）
□ 28 人《にん》間《げん》（　）

□ 29 強《つよ》気《き》（　）
□ 30 秋《あき》風《かぜ》（　）
□ 31 金《きん》色《いろ》（　）
□ 32 化《か》石《せき》（　）
□ 33 着《き》物《もの》（　）
□ 34 夕《ゆう》食《しょく》（　）
□ 35 愛《あい》護《ご》（　）
□ 36 青《あお》菜《な》（　）
□ 37 団《だん》子《ご》（　）
□ 38 横《よこ》町《ちょう》（　）
□ 39 永《えい》遠《えん》（　）
□ 40 告《つげ》口《ぐち》（　）

合格	(88〜62)
もう一歩	(61〜45)
がんばれ	(44〜　)
得点	

□ 41 客《きゃく》間《ま》（　　）
□ 42 桜《さくら》草《そう》（　　）
□ 43 感《かん》情《じょう》（　　）
□ 44 身《み》分《ぶん》（　　）
□ 45 古《ふる》着《ぎ》（　　）
□ 46 大《おお》型《がた》（　　）
□ 47 語《ご》句《く》（　　）
□ 48 枝《えだ》道《みち》（　　）
□ 49 毎《まい》朝《あさ》（　　）
□ 50 会《かい》社《しゃ》（　　）
□ 51 花《はな》束《たば》（　　）
□ 52 規《き》則《そく》（　　）
□ 53 札《さつ》束《たば》（　　）
□ 54 布《ぬの》製《せい》（　　）

□ 55 清《せい》潔《けつ》（　　）
□ 56 荷《に》車《ぐるま》（　　）
□ 57 点《てん》検《けん》（　　）
□ 58 台《だい》所《どころ》（　　）
□ 59 箱《はこ》庭《にわ》（　　）
□ 60 手《て》順《じゅん》（　　）
□ 61 底《そこ》力《ぢから》（　　）
□ 62 建《たて》具《ぐ》（　　）
□ 63 領《りょう》地《ち》（　　）
□ 64 格《かく》安《やす》（　　）
□ 65 逆《さか》手《て》（　　）
□ 66 役《やく》目《め》（　　）
□ 67 賞《しょう》状《じょう》（　　）
□ 68 厚《あつ》着《ぎ》（　　）

□ 69 大《おお》判《ばん》（　　）
□ 70 均《きん》一《いつ》（　　）
□ 71 境《さかい》目《め》（　　）
□ 72 畑《はた》作《さく》（　　）
□ 73 証《しょう》文《もん》（　　）
□ 74 初《はつ》夢《ゆめ》（　　）
□ 75 職《しょく》場《ば》（　　）
□ 76 文《もん》句《く》（　　）
□ 77 仕《し》事《ごと》（　　）
□ 78 音《ね》色《いろ》（　　）

□ 79 貸《かし》室《しつ》（　　）
□ 80 圧《あっ》力《りょく》（　　）
□ 81 枝《えだ》葉《は》（　　）
□ 82 団《だん》体《たい》（　　）
□ 83 両《りょう》側《がわ》（　　）
□ 84 矢《や》印《じるし》（　　）
□ 85 組《くみ》曲《きょく》（　　）
□ 86 野《の》宿《じゅく》（　　）
□ 87 程《てい》度《ど》（　　）
□ 88 首《くび》輪《わ》（　　）

ワンポイント

●漢字の音読みのいろいろ

漢字は古くに中国から日本に伝えられましたが、伝来した時代により三種類に区別できます。

①**呉《ご》音**は四世紀末から六世紀にかけて、主として僧侶《そうりょ》によって伝えられた。

②**漢音**は六世紀末以降《こう》の中国、隋《ずい》から唐《とう》代に、日本の遣唐《けんとう》使や留学生・留学僧らによって伝えられ、現在ではいちばん多い。

③**唐《とう》音**は平安中期から江戸《えど》時代までに伝えられ、使用はきわめて少ない。

漢字力がつく

じゅく語の読み方には、「上の字を音読みすれば、下の字も音読みに、上の字を訓読みすれば、下の字も訓読みする」という法則があります。（例外があります。17ページ「**漢字力がつく**」参照）

8 漢字の読み（音と訓）②

——上を訓、下を音で読むのは湯桶《ゆとう》読み

合格	もう一歩	がんばれ
(88〜62)	(61〜45)	(44〜　)

得点

漢字の読みには音と訓があります。次のじゅく語の読みは□の中のどの組み合わせになっていますか。ア〜エの記号で答えなさい。

ア　音と音　　イ　音と訓
ウ　訓と訓　　エ　訓と音

□ 1 宿《やど》帳《ちょう》（　）
□ 2 政《せい》治《じ》（　）
□ 3 真《ま》心《ごころ》（　）
□ 4 温《おん》度《ど》（　）
□ 5 一《いち》輪《りん》（　）
□ 6 寒《さむ》空《ぞら》（　）
□ 7 塩《しお》気《け》（　）
□ 8 夜《よ》店《みせ》（　）

□ 9 税《ぜい》金《きん》（　）
□ 10 駅《えき》前《まえ》（　）
□ 11 客《きゃく》足《あし》（　）
□ 12 得《とく》意《い》（　）
□ 13 梅《うめ》酒《しゅ》（　）
□ 14 建《たて》物《もの》（　）
□ 15 安《あん》易《い》（　）
□ 16 真《ま》夏《なつ》（　）

□ 17 親《おや》分《ぶん》（　）
□ 18 初《しょ》期《き》（　）
□ 19 糸《いと》車《ぐるま》（　）
□ 20 味《み》方《かた》（　）
□ 21 弱《よわ》虫《むし》（　）
□ 22 精《せい》神《しん》（　）
□ 23 残《ざん》暑《しょ》（　）
□ 24 指《さし》図《ず》（　）
□ 25 悲《ひ》喜《き》（　）
□ 26 重《じゅう》箱《ばこ》（　）
□ 27 初《はつ》氷《ごおり》（　）
□ 28 雨《あま》具《ぐ》（　）

□ 29 標《ひょう》本《ほん》（　）
□ 30 麦《むぎ》畑《ばたけ》（　）
□ 31 仮《か》面《めん》（　）
□ 32 着《ちゃく》手《しゅ》（　）
□ 33 店《みせ》番《ばん》（　）
□ 34 仏《ぶつ》像《ぞう》（　）
□ 35 医《い》師《し》（　）
□ 36 役《やく》場《ば》（　）
□ 37 墓《ぼ》石《せき》（　）
□ 38 質《しつ》問《もん》（　）
□ 39 句《く》集《しゅう》（　）
□ 40 係《かかり》員《いん》（　）

□ 41 正《まさ》夢《ゆめ》（　　）

□ 42 雨《あま》雲《ぐも》（　　）

□ 43 文《ぶん》脈《みゃく》（　　）

□ 44 枝《えだ》豆《まめ》（　　）

□ 45 地《じ》主《ぬし》（　　）

□ 46 基《き》本《ほん》（　　）

□ 47 番《ばん》付《づけ》（　　）

□ 48 街《まち》角《かど》（　　）

□ 49 個《こ》人《じん》（　　）

□ 50 強《つよ》味《み》（　　）

□ 51 銀《ぎん》河《が》（　　）

□ 52 火《ひ》種《だね》（　　）

□ 53 雑《ぞう》木《き》（　　）

□ 54 荷《に》台《だい》（　　）

□ 55 血《けつ》圧《あつ》（　　）

□ 56 長《なが》居《い》（　　）

□ 57 期《き》間《かん》（　　）

□ 58 湯《ゆ》気《げ》（　　）

□ 59 客《きゃく》船《せん》（　　）

□ 60 坂《さか》道《みち》（　　）

□ 61 関《せき》所《しょ》（　　）

□ 62 物《ぶっ》価《か》（　　）

□ 63 仏《ほとけ》様《さま》（　　）

□ 64 表《おもて》門《もん》（　　）

□ 65 招《しょう》待《たい》（　　）

□ 66 帯《おび》地《じ》（　　）

□ 67 県《けん》境《ざかい》（　　）

□ 68 出《しゅつ》演《えん》（　　）

□ 69 財《ざい》産《さん》（　　）

□ 70 船《ふな》旅《たび》（　　）

□ 71 愛《あい》用《よう》（　　）

□ 72 綿《わた》雲《ぐも》（　　）

□ 73 曜《よう》日《び》（　　）

□ 74 海《うみ》辺《べ》（　　）

□ 75 荷《に》物《もつ》（　　）

□ 76 高《たか》台《だい》（　　）

□ 77 和《わ》式《しき》（　　）

□ 78 番《ばん》組《ぐみ》（　　）

□ 79 遠《えん》足《そく》（　　）

□ 80 空《そら》似《に》（　　）

□ 81 先《せん》手《て》（　　）

□ 82 油《あぶら》絵《え》（　　）

□ 83 貿《ぼう》易《えき》（　　）

□ 84 写《しゃ》真《しん》（　　）

□ 85 責《せき》任《にん》（　　）

□ 86 品《しな》物《もの》（　　）

□ 87 両《りょう》手《て》（　　）

□ 88 状《じょう》態《たい》（　　）

ワンポイント

●日常用語における呉音と漢音

〈呉音〉	〈漢音〉
会釈 えしゃく	会見 かいけん
人間 にんげん	人権 じんけん
代理 だいり	交代 こうたい
化身 けしん	進化 しんか
気配 けはい	気品 きひん
下校 げこう	地下 ちか

〈呉音〉	〈漢音〉
強引 ごういん	勉強 べんきょう
図工 ずこう	図書 としょ
本家 ほんけ	作家 さっか
無言 むごん	発言 はつげん
外科 げか	外国 がいこく
頭痛 ずつう	頭髪 とうはつ

漢字力がつく

じゅく語の読みには、音読み訓読みが混用されます。「**重箱読み・湯桶読み**」、さらに「**じゅく字訓**」や「**当て字訓**」といった慣用的な読みもあります。

9 書き取り（音読み）① ――文字を正しく書く習慣をつける

よく出る

合　格	(50～35)
もう一歩	(34～26)
がんばれ	(25～　)

得点

次の――線のカタカナを漢字になおしなさい。

□ 1 落ち葉を集めてヒリョウを作る。（　　）
□ 2 ハンコウを目にする。（　　）
□ 3 駅は乗客でコンザツしていた。（　　）
□ 4 雨による田畑のソンガイを調べる。（　　）
□ 5 新しい店のヒョウバンは大変よい。（　　）
□ 6 エアコンをテンケンする。（　　）
□ 7 自動車の製造コウテイ*を見学する。（　　）
□ 8 町の野球チームにショゾク*する。（　　）
□ 9 ドウドウとした入場行進だ。（　　）
□ 10 生き物にはサンソが必要だ。（　　）
□ 11 大雨のため交通キセイが行われる。（　　）
□ 12 今日の試合のショウインをさぐる。（　　）
□ 13 アユつりがカイキンになる。（　　）

□ 14 兄はキョウシを目標としている。（　　）
□ 15 無実をショウメイする。（　　）
□ 16 おもしろい本にムチュウになる。（　　）
□ 17 平和を守るジョウヤクを結ぶ。（　　）
□ 18 チラシを通行人にハイフする。（　　）
□ 19 デントウのある学校に通う。（　　）
□ 20 昔のジュウキョを見学する。（　　）
□ 21 市場が駅前にイテンする。（　　）
□ 22 セイケツな道具で調理する。（　　）
□ 23 子どもを交通ジコから守る。（　　）
□ 24 食文化に関するコウエン*を聞く。（　　）
□ 25 父はボウエキ会社につとめている。（　　）
□ 26 姉は音楽会でドクショウする。（　　）

□ 27 エイエン（　　）に心に残る名曲。

□ 28 部屋《へや》をテキオン（　　）に保つ。

□ 29 月の動きをカンソク（　　）する。

□ 30 自然はわたしたちのザイサン（　　）だ。

□ 31 祖父も父もセイジカ（　　）だった。

□ 32 美しいゾウガン（　　）細工《ざいく》の作品。

□ 33 人類のソセン（　　）を調べる。

□ 34 国にタガク（　　）の税金を納《おさ》めた。

□ 35 日本の科学ギジュツ（　　）はすばらしい。

□ 36 文章のコウセイ*（　　）を考える。

□ 37 ガソリンのカカク（　　）が上がる。

□ 38 父のシドウ（　　）で空手の練習をする。

□ 39 馬の耳にネンブツ（　　）

□ 40 今夜は公共のシュクシャ（　　）にとまる。

□ 41 おかしを兄弟でキントウ（　　）に分ける。

□ 42 ニクガン（　　）で見える星を数えた。

□ 43 地しんによるカサイ（　　）から身を守る。

□ 44 今月から新しいニンム（　　）についた。

□ 45 キジュン（　　）となる数字を決める。

□ 46 自分の国のシジツ（　　）を調べる。

□ 47 一時間目のジュギョウ（　　）が始まる。

□ 48 農作物のユニュウ（　　）が増えている。

□ 49 悪かったと心からシャザイ（　　）する。

□ 50 天候がしだいにカイフク*（　　）してきた。

ワンポイント

7 コウテイ＝作業の手順。
8 ショゾク＝団体などに加わっていること。
24 コウエン＝人の前で話をすること。（歌やげきを演じるときは公演）
36 コウセイ＝組み立て。
50 カイフク＝もとのとおりになること。

漢字力がつく

漢字は、一点一画をきちんと書き、とめ・はねなどもはっきり書きましょう。漢字の意味を理解して、正しく使い分けるようにしましょう。

10 書き取り（音読み）②

——とにかく、くり返して書くことが大切

よく出る

合格 (50〜35)
もう一歩 (34〜26)
がんばれ (25〜　)
得点

次の——線のカタカナを漢字になおしなさい。

1 友人フサイを食事にさそう。（　）
2 通信エイセイが打ち上げられる。（　）
3 万一に備え生命ホケンに入る。（　）
4 起きてすぐにチョウカンを読む。（　）
5 けが人のオウキュウ処《しょ》置をする。（　）
6 病院でケツエキ型が判明する。（　）
7 町に病院がセツリツされた。（　）
8 議会の様子をホウコクする。（　）
9 歯をみがくシュウカンをつける。（　）
10 親しい友だちをショウタイする。（　）
11 町の人口はゲンショウしている。（　）
12 タンペン小説を読む。（　）
13 自然保護をシュチョウする。（　）

14 ユダヤ人が大勢サツガイされた。（　）
15 キョカを得て販《はん》売する。（　）
16 リョウドの問題について話し合う。（　）
17 今日のベントウはおいしかった。（　）
18 音楽家としてのソシツがある。（　）
19 姉はアメリカにリュウガクする。（　）
20 ブツゾウの前で手を合わせる。（　）
21 ボウハンベルを身につける。（　）
22 会場にゲイジュツ家の絵が並《なら》ぶ。（　）
23 夜に見たギンガは美しかった。（　）
24 友人とソントクぬきで付き合う。（　）
25 夏休みに植物サイシュウをした。（　）
26 感謝をこめてレイジョウを書く。（　）

□ 27 近道をリャクズで示し説明する。（　　）

□ 28 低キアツが近づき雨雲が広がる。（　　）

□ 29 キゲン前の化石がみつかった。（　　）

□ 30 新しいカンセン*道路が開通した。（　　）

□ 31 京都でコクサイ会議が開かれた。（　　）

□ 32 わたり鳥のチョウサをする。（　　）

□ 33 風力をユウコウに使って発電する。（　　）

□ 34 読み取ったナイヨウをまとめる。（　　）

□ 35 店のエイギョウ時間が延《の》びた。（　　）

□ 36 古い民家がカイチクされた。（　　）

□ 37 雨で試合はチュウダンされた。（　　）

□ 38 自動車のゼイガクを確かめる。（　　）

□ 39 食品の賞味キゲンを見て買う。（　　）

□ 40 ザイコがあるかどうかを確かめる。（　　）

□ 41 インターネットにセツゾクする。（　　）

□ 42 うがいでかぜをヨボウする。（　　）

□ 43 ホームランでギャクテン勝ちした。（　　）

□ 44 大学院を卒業してハクシとなる。（　　）

□ 45 写真のフィルムをゲンゾウする。（　　）

□ 46 商売で大きなリエキを得る。（　　）

□ 47 詩集がシュッパンされた。（　　）

□ 48 苦しみにたえるセイシン力を養う。（　　）

□ 49 姉はレキダイ一位の記録を持つ。（　　）

□ 50 社長は病気でジショクした。（　　）

ワンポイント

5 オウキュウ＝とりあえず間に合わせること。

25 サイシュウ＝とってあつめること。

18 ソシツ＝生まれつきもっている能力。

30 カンセン＝主な道筋《すじ》となるせん。

漢字力がつく

漢字の形を正しく書けるようにすることも大切ですが、その**漢字の意味**と、それをふくむ**じゅく語の意味**を理解してふさわしい漢字を選んで書くようにしましょう。

11 書き取り（訓読み）――漢字のもつ意味を理解しておく

よく出る

合格	もう一歩	がんばれ
(50〜35)	(34〜26)	(25〜　)

得点

次の――線のカタカナを漢字になおしなさい。

□ 1 雨が続いて川の水かさがマした。（　　）
□ 2 発表会にソナえて資料を用意する。（　　）
□ 3 大きな門をカマえる。（　　）
□ 4 協力して明るい社会をキズこう。（　　）
□ 5 農作業をフタタび開始した。（　　）
□ 6 分アツい板でふみ台を作る。（　　）
□ 7 学級会で自分の意見をノべる。（　　）
□ 8 水そうでメダカをカ*っている。（　　）
□ 9 運を天にマカせる。（　　）
□ 10 三人ヨればもんじゅのちえ（　　）
□ 11 国のエた利益は大きい。（　　）
□ 12 姉がマフラーをアんでくれた。（　　）
□ 13 社長として社員をヒキいる。（　　）

□ 14 お年寄りをマネいてお話を聞く。（　　）
□ 15 身をコにして働く。（　　）
□ 16 ケワしい山道をゆっくり登る。（　　）
□ 17 となりの家とのサカイを決める。（　　）
□ 18 筆算の答えをタシかめる。（　　）
□ 19 新しいチームを勝利にミチビく。（　　）
□ 20 かぜによる欠席者がヘってきた。（　　）
□ 21 雪解け水がイキオいよく流れる。（　　）
□ 22 親しい友人に心をユルす。（　　）
□ 23 合格をツげられた。（　　）
□ 24 画家をココロザしている。（　　）
□ 25 ピアノの音が耳にト*まる。（　　）
□ 26 太いミキに枝葉がしげる。（　　）

27 おやつが少し**アマ**った。

28 道に**マヨ**って町の中を歩き回る。

29 急用ができ約束を**コトワ**る。

30 運動会でお年寄りの席を**モウ**ける。*

31 今年もリンゴが**ユタ**かに実った。

32 夕食の後は本を読んで**ス**ごす。

33 友だちにかさを**カ**してもらう。

34 早起きをするのにも**ナ**れた。

35 **ツネ**に前向きに生きていこう。

36 希望に**モ**えてイギリスに旅立つ。

37 母は店を一人で**ササ**えてきた。

38 体重を弟と**クラ**べる。

39 人の失敗を**セ**めないようにしよう。

40 紅《こう》茶にミルクを少し**マ**ぜて飲んだ。

41 父といっしょに畑を**タガヤ**した。

42 おじが**イトナ**む牧場で馬に乗った。

43 祭りの行列にいた馬が**アバ**れた。

44 学級会の議長を**ツト**めた。

45 山菜を**ト**りに出かける。

46 友のたのみを**ココロヨ**く受けた。

47 わたしの声は妹とよく**ニ**ている。

48 植木の消毒をして虫の害を**フセ**ぐ。

49 流れに**サカ**らってふねをこぐ。

50 駅の方向を指で**シメ**す。

ワンポイント

8 カう＝（動物を）やしなう。（お金をはらって品物を求める＝買う）

25 トまる＝同じところにあって動かない。（止まる＝動いているものが動かなくなる）

30 モウける＝こしらえる。つくる。

漢字力がつく

漢字の書き取りでやっかいなことは、**同じ訓**で意味の異《こと》なる漢字（例 明ける・空ける・開ける）、**同じ読み方**で意味のちがうじゅく語（例 強力・協力）などが多いことです。

12 書き取り（同じ読みの漢字）①

文脈を手がかりに判別する（同音異字《い》）

よく出る

合格	もう一歩	がんばれ
(52〜37)	(36〜27)	(26〜　)

得点

次の——線のカタカナをそれぞれ別の漢字になおしなさい。

1 火事のひ害を最小ゲンに止める。（　）
2 日本の総人口はゲン少してきた。（　）

3 妹はのんびりした性カクだ。（　）
4 正カクな時間を知らせる。（　）

5 大型店がエイ業を始めた。（　）
6 代表の選手になって光エイだ。（　）

7 外国とのボウ易が始まる。（　）
8 犯罪のボウ止に取りくむ。（　）

9 先生から有エキな話を聞く。（　）
10 母と血エキ型が同じだ。（　）

11 説明文のヨウ点をまとめる。（　）
12 小包の内ヨウを調べる。（　）

13 ステージの中オウで歌う。（　）
14 オウ復の道のりを歩いた。（　）

15 あなたの意見にサン成する。（　）
16 ラムネは炭サンが入っている。（　）

17 学級新聞をヘン集する。（　）
18 天気が急ヘンする。（　）

19 何事もキ本が大切だ。（　）
20 キ則を守ってゲームをする。（　）

21 キ州はミカンで有名だ。（　）
22 交通法キを守ろう。（　）

23 順ジョよく箱を組み立てる。（　）
24 そう難《なん》した人を救ジョする。（　）

25 拾ったクリをキン等に分ける。（　）
26 しばふは立ち入りキン止だ。（　）

27 ひな祭りは伝トウ的な行事だ。（　）
28 夕方に公園の電トウがともる。（　）

29 町の名シと言われる人物。（　）
30 父はレントゲン技シだ。（　）

31 一列に並《なら》びバスにジョウ車した。（　）
32 家の事ジョウで部活を休む。（　）
33 絵が入選して賞ジョウをもらう。（　）

34 国サイ的な感覚を身につける。（　）
35 テストのサイ点をする。（　）
36 サイ害に強い町を目指す。（　）

37 輸入がゾウ加している。（　）
38 昔の建ゾウ物が取りこわされる。（　）
39 本堂に古い仏ゾウが並《なら》ぶ。（　）

40 コウ堂で児童会を開く。（　）
41 外国から鉄コウ石を運ぶ。（　）
42 説明文のコウ成を調べる。（　）

43 ホウ作になることを願う。（　）
44 試験の結果をホウ告する。（　）

45 天気がよいので毛フを干《ほ》す。（　）
46 母と百貨店のフ人服売り場に行く。（　）

47 班《はん》長としてセキ任を果たす。（　）
48 今学期は成セキが上がった。（　）
49 この地方はセキ雪が多い。（　）

50 列車は駅に五分間テイ車した。（　）
51 修学旅行の日テイが決まる。（　）
52 委員会に議題をテイ案する。（　）

ワンポイント

●文脈を手がかりに判別する

漢字には、同音異字が多くあります。中国では同じ音でも発音の仕方で区別していますが、日本ではそれがなかったので、区別するためには漢字の意味を知っていなくてはなりません。どの漢字を使うかは、前後の文脈を手がかりにして判別しましょう。

漢字力がつく

音の読み方が同じなのに、意味のちがう漢字を「**同音異字**」といいます。どの漢字を使うかがわかるようになるには日ごろから多くの本を読み、多くのことばに慣れ親しむことが大切です。

13 書き取り（同じ読みの漢字）②

——じゅく語と関連づけて使い分ける（同訓異字《い》）

よく出る

合格	(52〜37)
もう一歩	(36〜27)
がんばれ	(26〜　)

得点

次の——線のカタカナをそれぞれ別の漢字になおしなさい。

1 山の景色《けしき》が湖にサカさに映《うつ》る。（　）
2 バスがサカ道をゆっくり登る。（　）
3 兄は大学で医学をオサめる。（　）
4 広い領土をオサめる。（　）
5 妹は指をオって数を数える。（　）
6 工場からはたオりの音がきこえる。（　）
7 好きな詩をノートにウツす。（　）
8 つくえを窓側にウツす。（　）
9 服のボタンをきちんとトめる。（　）
10 もれている水道の水をトめる。（　）
11 せきどめの薬がキいてきた。（　）
12 先生の話をキいて考える。（　）
13 母はいつもえがおをタやさない。（　）
14 古い家を新しくタてなおす。（　）

15 川の水量がやっとヘった。（　）
16 車は大阪をヘて東京に向かう。（　）
17 はきナれたくつで登山する。（　）
18 救急車がサイレンをナらして走る。（　）
19 二人で将《しょう》ぎをサす。（　）
20 機械に油をサす。（　）
21 算数の成績をアげる。（　）
22 手をアげて答える。（　）
23 引っこしで住所がカわる。（　）
24 延長戦で投手がカわる。（　）
25 紙を卵《たまご》ガタに切りぬく。（　）
26 大ガタのテレビを見る。（　）
27 新しいアイデアがウまれる。（　）
28 ウミガメが卵をウみ落とす。（　）

29 鳥小屋でニワトリをカう。（　　）
30 書店で辞典をカう。（　　）

31 漢字をひらがなにナオす。（　　）
32 入院して病気をナオす。（　　）

33 スープがサめてまずくなった。（　　）
34 毎朝七時に目がサめる。（　　）

35 この辞書は分アツくて重い。（　　）
36 祖母はアツいお茶が好きだ。（　　）

37 小包のひもをトく。（　　）
38 道理をトいて言いきかせる。（　　）

39 よろしくお願いモウしあげます。（　　）
40 新しい規則をモウける。（　　）

41 カーテンがヤブれてしまう。（　　）
42 おしくも試合にヤブれる。（　　）

43 喜びをことばにアラワす。（　　）
44 悪役が姿《すがた》をアラワす。（　　）

45 児童会の会長をツトめる。（　　）
46 早起きするようツトめる。（　　）

47 委員長が責任をオう。（　　）
48 虫の動きを目でオう。（　　）

49 時計で時間をハカる。（　　）
50 運動場の面積をハカる。（　　）

51 子どもが遊ぶ公園をツクる。（　　）
52 野菜でスープをツクる。（　　）

ワンポイント

●同訓異字の例

あう　答えが合う　先生に会う
きる　服を着る　紙を切る
はやい　足が速い　時間が早い

このように、意味がちがうと、使う漢字もちがいます。それぞれの漢字の意味を考えて正しく使うようにしましょう。

漢字力がつく

訓の読み方は同じなのに、表そうとする意味によって漢字を異《こと》にするものを「**同訓異字**」といいます。それらの意味を知って、その用い方を区別することが大切です。

14 三字のじゅく語①

——二字のじゅく語に一字加えたものが多い

次のカタカナを漢字になおし、一字だけ書きなさい。

1 ホウ告書（　）
2 メン織物（　）
3 新カン線（　）
4 ソ父母（　）
5 不サン成（　）
6 キュウ命具（　）
7 規ソク的（　）
8 高気アツ（　）
9 ベン当箱（　）
10 消費ゼイ（　）
11 ニ顔絵（　）
12 衣食ジュウ（　）
13 栄養ソ（　）

14 ショウ明書（　）
15 サン化物（　）
16 想ゾウ力（　）
17 消化エキ（　）
18 ボウ風雨（　）
19 伝トウ的（　）
20 不利エキ（　）
21 自分シ（　）
22 案内ジョウ（　）
23 永キュウ歯（　）
24 シ育係（　）
25 青ドウ器（　）
26 ギャク回転（　）

27 老ガン鏡（　）
28 感シャ祭（　）
29 平キン台（　）
30 ク読点（　）
31 サイ利用（　）
32 公会ドウ（　）
33 国サイ化（　）
34 ヒ常口（　）
35 ショウ竹梅（　）
36 無事コ（　）
37 コウ空機（　）
38 セイ治家（　）
39 知シキ欲《よく》（　）

40 金ゾク製（　）
41 コ人的（　）
42 カ分数（　）
43 複ザツ化（　）
44 無神ケイ（　）
45 感ジョウ的（　）
46 リュウ学生（　）
47 好成セキ（　）
48 無ジョウ件（　）
49 自画ゾウ（　）
50 初出エン（　）
51 習カン化（　）
52 コウ果的（　）

合格	(100〜70)
もう一歩	(69〜51)
がんばれ	(50〜　)

得点

53 **コウ**造化（　　）
54 高**セイ**能（　　）
55 常習**ハン**（　　）
56 無**キョ**可（　　）
57 直**ユ**入（　　）
58 **ドウ**火線（　　）
59 不**エイ**生（　　）
60 回**フク**期（　　）
61 鉄**コウ**石（　　）
62 最大**ゲン**（　　）
63 不**サイ**用（　　）
64 **チョ**金額（　　）
65 被《ひ》**サイ**地（　　）
66 **カ**半数（　　）

67 湯加**ゲン**（　　）
68 **サクラ**前線（　　）
69 **ヒ**満型（　　）
70 **ザイ**校生（　　）
71 農**コウ**地（　　）
72 調理**シ**（　　）
73 公**ム**員（　　）
74 大**ホウ**作（　　）
75 **キョウ**界線（　　）
76 競**バ**場（　　）
77 **ジュン**決勝（　　）
78 未**カイ**決（　　）
79 守**ゴ**神（　　）
80 **テイ**案者（　　）

81 一等**ショウ**（　　）
82 木**ハン**画（　　）
83 **セツ**続語（　　）
84 観**ソク**船（　　）
85 **ヘン**集室（　　）
86 **キ**本的（　　）
87 本**カク**的（　　）
88 不**ネン**性（　　）
89 **キ**生虫（　　）
90 **ホ**健室（　　）

91 未**カク**定（　　）
92 検**サ**官（　　）
93 心**ギ**体（　　）
94 美**ジュツ**館（　　）
95 体**シツ**的（　　）
96 **ドク**自性（　　）
97 **サツ**人犯（　　）
98 **セッ**計図（　　）
99 **ハン**決文（　　）
100 **キン**漁区（　　）

ワンポイント

●三字のじゅく語の組み立て方

①一字が上につくもの。
定＋位置→定位置

②打ち消しの意味の字が上につくもの。不＋本意→不本意

③一字が下につくもの。
卒業＋式→卒業式

④「性・化・的」などが下につくもの。科学＋的→科学的

⑤三字が対等に並《なら》ぶもの。
大＋中＋小→大中小

漢字力がつく

三字のじゅく語は、そのほとんどが二字のじゅく語の上か下に漢字一字がついてできた語です。

15 三字のじゅく語 ②

——同音の漢字の選たくに注意しよう

合格（100～70）　もう一歩（69～51）　がんばれ（50～　）　得点

次のカタカナを漢字になおし、一字だけ書きなさい。

1 不テキ当（　）
2 ショク員室（　）
3 毛オリ物（　）
4 ユメ物語（　）
5 セッ極的（　）
6 ゲン実性（　）
7 セイ神力（　）
8 新校シャ（　）
9 消ボウ車（　）
10 ショウ待状（　）
11 ダイ自然（　）
12 調査カン（　）
13 人類アイ（　）

14 ギン世界（　）
15 ジュ業料（　）
16 文化ザイ（　）
17 効リツ的（　）
18 建ゾウ物（　）
19 シ本家（　）
20 ム所属（　）
21 コウ習会（　）
22 大逆テン（　）
23 コン合物（　）
24 消ヒ者（　）
25 予ビ日（　）
26 セキ任感（　）

27 キュウ石器（　）
28 オウ接間（　）
29 氷ガ期（　）
30 フ人服（　）
31 研シュウ生（　）
32 内ヨウ量（　）
33 通カ点（　）
34 シ望校（　）
35 ダン体戦（　）
36 ソウ集編（　）
37 新カン書（　）
38 キョ住地（　）
39 ショ対面（　）

40 増改チク（　）
41 機カイ的（　）
42 出チョウ所（　）
43 輸出ガク（　）
44 生タイ系《けい》（　）
45 ブ勇伝（　）
46 高性ノウ（　）
47 正ヒ例（　）
48 再ケン査（　）
49 等カ値（　）
50 セイカ図（　）
51 日テイ表（　）
52 不合カク（　）

□ 53 不**カイ**感（　　）
□ 54 **ダン**面図（　　）
□ 55 **セイ**度化（　　）
□ 56 清**ケツ**感（　　）
□ 57 大**ヒョウ**判（　　）
□ 58 **ボウ**易港（　　）
□ 59 民**エイ**化（　　）
□ 60 **ブッ**教徒（　　）
□ 61 軽犯**ザイ**（　　）
□ 62 大統**リョウ**（　　）
□ 63 血液**ガタ**（　　）
□ 64 **ヒョウ**準的（　　）
□ 65 簡《かん》**リャク**化（　　）
□ 66 多数**ケツ**（　　）

□ 67 十二**シ**（　　）
□ 68 大**イ**動（　　）
□ 69 **テイ**気圧（　　）
□ 70 難《なん》**パ**船（　　）
□ 71 日本**セイ**（　　）
□ 72 **フク**作用（　　）
□ 73 食中**ドク**（　　）
□ 74 熱**タイ**魚（　　）
□ 75 危《き》**ケン**物（　　）
□ 76 森林**ヨク**（　　）
□ 77 **イ**務室（　　）
□ 78 小麦**コ**（　　）
□ 79 万年**ヒツ**（　　）
□ 80 **カン**方薬（　　）

□ 81 記**ジュツ**式（　　）
□ 82 **ソウ**別会（　　）
□ 83 望遠**キョウ**（　　）
□ 84 **キャッ**観的（　　）
□ 85 **チョ**金箱（　　）
□ 86 **ゼッ**好調（　　）
□ 87 **キュウ**助法（　　）
□ 88 風**ケイ**画（　　）
□ 89 **ダ**算的（　　）
□ 90 **ジョ**列化（　　）

□ 91 **トク**意気（　　）
□ 92 **ユウ**園地（　　）
□ 93 特**サン**品（　　）
□ 94 **キョウ**調性（　　）
□ 95 航空**ビン**（　　）
□ 96 多**ギ**語（　　）
□ 97 **シ**会者（　　）
□ 98 **オウ**復券（　　）
□ 99 **カン**理人（　　）
□ 100 住所**ロク**（　　）

ワンポイント

●三字のじゅく語の構成

①□＋□＋□
雪月花　衣食住
（独立した漢字からなる）

②□＋□□
一部分　非常識
外気温（×外気＋温）

③□□＋□
非常口
外国語（×外＋国語）

漢字力がつく

三字のじゅく語は、構成上の切れ目はどこか、漢字の上下の関係はどうかなど、意味関係からとらえることが大切です。

16 対義語

──反対の意味のことばや、対応することばのことを対義語という

よく出る

合格（50〜35）
もう一歩（34〜26）
がんばれ（25〜 ）
得点

❶ 後の□の中のひらがなを漢字になおして、対義語（意味が反対やついになることば）を書きなさい。□の中のひらがなは一度だけ使い、漢字一字を（ ）に書きなさい。

□ 1 理性─感（ ）
□ 2 順風─（ ）風
□ 3 勝利─（ ）北
□ 4 本論─（ ）論
□ 5 本店─（ ）店
□ 6 結果─原（ ）
□ 7 集合─（ ）散
□ 8 例外─原（ ）
□ 9 回答─（ ）問
□ 10 共同─単（ ）
□ 11 利益─（ ）失
□ 12 応用─（ ）本
□ 13 熱湯─（ ）水
□ 14 外交─内（ ）

いん・し・かい・き・ぎゃく
しつ・じょう・せい・そく・そん
どく・はい・じょ・れい

❷ 後の□の中のひらがなを漢字になおして、対義語（意味が反対やついになることば）を書きなさい。□の中のひらがなは一度だけ使い、漢字一字を（ ）に書きなさい。

□ 1 平等─（ ）別
□ 2 放任─規（ ）
□ 3 予習─（ ）習
□ 4 形式─内（ ）
□ 5 反対─（ ）成
□ 6 想像─実（ ）
□ 7 過去─（ ）来
□ 8 消極─（ ）極
□ 9 団体─（ ）人
□ 10 故意─（ ）失
□ 11 無能─（ ）能
□ 12 増加─（ ）少
□ 13 発病─全（ ）
□ 14 決定─保（ ）

ふく・か・かい・げん・こ
さ・さい・せい・せっ・ゆう
さん・み・よう・りゅう

❸ 次の1～6のア・イはそれぞれ対義語の関係になっています。アはそのじゅく語の読みをひらがなで、イはカタカナを漢字になおして（　）に書きなさい。

□ 1 ア 受賞（　）イ ジュ賞（　）

□ 2 ア 相対（　）イ ゼッ対（　）

□ 3 ア 筆記（　）イ ロジュツ（　）

□ 4 ア 子孫（　）イ ソ先（　）

□ 5 ア 接続（　）イ 切ダン（　）

□ 6 ア 過度（　）イ テキ度（　）

❹ 次のじゅく語の対義語を、後の□の中のひらがなから選んで（　）に漢字で書きなさい。

□ 1 復路―（　）

□ 2 実験―（　）

□ 3 提出―（　）

□ 4 理想―（　）

□ 5 借主―（　）

□ 6 成功―（　）

□ 7 人工―（　）

□ 8 長所―（　）

□ 9 飲酒―（　）

□ 10 不燃―（　）

おうろ・かねん・きんしゅ・かしぬし
しぜん・たんしょ・しっぱい・じゅりょう
かんさつ・げんじつ

ワンポイント
●対義語の組み立て

。共通の漢字があるもの
①上の字が対応、下の字が共通
善意―悪意　無益―有益
②上の字が共通、下の字が対応
輸入―輸出　連勝―連敗

。共通の漢字がないもの
③上下ともそれぞれに対応する漢字
前進―後退
④上下とも対応しない漢字
戦争―平和

漢字力がつく
対義語を学習して、ことばを増やし、ことばの意味をより深く理解していきましょう。

17 類義語 ——同じ意味のことばや、似た意味のことばを類義語という

よく出る

合格	もう一歩	がんばれ
(50〜35)	(34〜26)	(25〜　)

得点

❶ 後の□の中のひらがなを漢字になおして、類義語(意味がよく似たことば)を書きなさい。□の中のひらがなは一度だけ使い、漢字一字を(　)に書きなさい。

□ 1 運送—運(　　)
□ 2 音信—(　　)息
□ 3 母国—(　　)国
□ 4 不安—心(　　)
□ 5 同意—(　　)成
□ 6 自由—放(　　)
□ 7 活発—(　　)活
□ 8 発行—出(　　)
□ 9 気楽—安(　　)
□ 10 志願—志(　　)
□ 11 関心—(　　)味
□ 12 順番—順(　　)
□ 13 様子—状(　　)
□ 14 短所—(　　)点

い・かい・きょう・けっ・さん
じょ・しょう・そ・たい・にん
ぱい・ぱん・ぼう・ゆ

❷ 後の□の中のひらがなを漢字になおして、類義語(意味がよく似たことば)を書きなさい。□の中のひらがなは一度だけ使い、漢字一字を(　)に書きなさい。

□ 1 動機—原(　　)
□ 2 財産—(　　)産
□ 3 判然—(　　)然
□ 4 案内—先(　　)
□ 5 活用—(　　)用
□ 6 自立—(　　)立
□ 7 指図—指(　　)
□ 8 不在—(　　)守
□ 9 進歩—発(　　)
□ 10 内職—(　　)業
□ 11 熱中—(　　)中
□ 12 返答—(　　)答
□ 13 永遠—永(　　)
□ 14 保健—(　　)生

いん・えい・おう・し・じ
れき・たつ・どう・どく・きゅう
ふく・む・り・る

❸ 次の1〜6のア・イはそれぞれ類義語の関係になっています。アはそのじゅく語の読みをひらがなで、イはカタカナを漢字になおして（　）に書きなさい。

□ 1 ア 練習（　） イ **クン**練（　）

□ 2 ア 準備（　） イ **ヨウ**意（　）

□ 3 ア 機転（　） イ 機**チ**（　）

□ 4 ア 旅館（　） イ **ヤド**屋（　）

□ 5 ア 全額（　） イ **ソウ**額（　）

□ 6 ア 風習（　） イ 習**カン**（　）

❹ 次のじゅく語の類義語を、後の□の中のひらがなから選んで（　）に漢字で書きなさい。

□ 1 役目—（　）

□ 2 成分—（　）

□ 3 平等—（　）

□ 4 技能—（　）

□ 5 復興—（　）

□ 6 加減—（　）

□ 7 標準—（　）

□ 8 残高—（　）

□ 9 筆記—（　）

□ 10 生産—（　）

ぎじゅつ・きじゅん・きんとう・ていど
せいぞう・さいこう・ざんがく・きじゅつ
にんむ・ようそ

ワンポイント

●**類義語の組み立て**

。共通の漢字があるもの

①上の字が対応していて下の字が共通　案外—意外

②上の字が共通で下の字が対応　効果—効用

。共通の漢字がないもの

内容—中身　人気—評判

。類義語が複数あるもの

感心—感動—感激《げき》

漢字力がつく　類義語は、意味が似ていても、ことばから受ける感じや使われ方にちがいがあります。

18 対義語・類義語

――対義語や類義語はついや組にして覚えよう

よく出る

合格（52〜36）
もう一歩（35〜27）
がんばれ（26〜　）
得点

後の□の中のひらがなを漢字になおして、対義語と類義語を書きなさい。□の中のひらがなは一度だけ使い、漢字一字を（　）に書きなさい。

❶

対義語

□ 1 合唱―（　）唱
□ 2 語尾―語（　）
□ 3 赤字―（　）字
□ 4 未開―文（　）
□ 5 生産―（　）費
□ 6 連勝―連（　）
□ 7 通常―（　）常

類義語

□ 8 名声―（　）光
□ 9 通商―（　）易
□ 10 応対―応（　）
□ 11 日光―（　）光
□ 12 希望―（　）願
□ 13 特別―（　）別
□ 14 農地―（　）地

えい・ひ・し・こう・しょう
せつ・くろ・かん・ぼう・どく
ぱい・めい・かく・よう

❷

対義語

□ 1 害虫―（　）虫
□ 2 連続―中（　）
□ 3 未定―（　）定
□ 4 平和―戦（　）
□ 5 洋風―（　）風
□ 6 往信―（　）信
□ 7 整然―（　）然

類義語

□ 8 力説―主（　）
□ 9 目的―目（　）
□ 10 火事―火（　）
□ 11 通知―通（　）
□ 12 功労―功（　）
□ 13 用意―準（　）
□ 14 付近―（　）辺

えき・ちょう・へん・かく・こく
さい・わ・しゅう・せき・そう
だん・び・ひょう・ざつ

❸

対義語

□ 1 白昼―（　）夜
□ 2 許可―（　）止
□ 3 合成―分（　）
□ 4 悪化―（　）転
□ 5 主語―（　）語
□ 6 求人―求（　）
□ 7 支線―（　）線

類義語

□ 8 応答―（　）答
□ 9 決心―決（　）
□ 10 家屋―住（　）
□ 11 理解―会（　）
□ 12 赤字―（　）失
□ 13 着目―着（　）
□ 14 元手―（　）本

かい・とく・かん・がん・きょ
きん・こう・し・じゅつ・へん
しょく・しん・そん・い

漢字力がつく

対義語・**類義語**の学習としては、できるだけ多くの**じゅく語《ご》**を、その意味をよく理解したうえで覚えることが必要です。またその**じゅく語**を正確に書けなければいけません。

❹

対義語

□ 1 病弱―健（　）
□ 2 自由―（　）制
□ 3 活動―休（　）
□ 4 希望―（　）望
□ 5 全体―（　）分

類義語

□ 6 衛生―（　）健
□ 7 青葉―新（　）
□ 8 当然―（　）然
□ 9 意外―（　）外
□ 10 動機―原（　）

あん・きょう・ぜつ・ほ・ひつ
こう・ぶ・いん・りょく・よう

ワンポイント

●じゅく語になることばをできるだけ多く覚える。

対義語・類義語の問題は、ことばがどれだけ豊富であるか、つまり語い力を調べる問題でもあります。

●じゅく語を漢字で正しく書けるようにする。

対義語・類義語の問題は、また漢字の書き取りの問題をかねています。答えとなることばを知っていても、漢字で正しく書き表すことができなければ、正しい解答はできません。

19 じゅく語の組み立て ——じゅく語の構成のしかたを正しく理解しよう

よく出る

合格	もう一歩	がんばれ
(72〜50)	(49〜37)	(36〜　)

得点

漢字を二字組み合わせたじゅく語では、二つの漢字の間に意味の上で、次のような関係があります。

ア　反対やついになる意味の字を組み合わせたもの。(例…上下)
イ　同じような意味の字を組み合わせたもの。(例…森林)
ウ　上の字が下の字の意味を説明(修しょく)しているもの。(例…漢字)
エ　下の字から上の字へ返って読むと意味がよくわかるもの。(例…出題)

次のじゅく語は右のア〜エのどれにあたるか、記号で答えなさい。

□1 移動 (　)
□2 単複 (　)
□3 仮説 (　)
□4 均等 (　)
□5 転居 (　)
□6 往復 (　)
□7 小枝 (　)
□8 始業 (　)
□9 再会 (　)
□10 志望 (　)
□11 遠近 (　)
□12 省略 (　)
□13 防災 (　)
□14 昼夜 (　)
□15 浴室 (　)
□16 銅像 (　)
□17 損失 (　)
□18 改心 (　)
□19 永久 (　)
□20 罪人 (　)
□21 大河 (　)
□22 寄港 (　)
□23 得失 (　)
□24 打率 (　)
□25 単独 (　)
□26 墓地 (　)
□27 新旧 (　)
□28 建築 (　)
□29 護身 (　)
□30 移転 (　)
□31 圧力 (　)
□32 寒暑 (　)

33 特技（　）
34 造園（　）
35 変色（　）
36 増減（　）
37 最適（　）
38 謝罪（　）
39 禁止（　）
40 造船（　）
41 利害（　）
42 休職（　）
43 永住（　）
44 売買（　）

45 定価（　）
46 切断（　）
47 新設（　）
48 軽重（　）
49 取材（　）
50 寒冷（　）
51 眼下（　）
52 勝敗（　）
53 重厚（　）
54 旧友（　）
55 損得（　）
56 永遠（　）

57 国境（　）
58 着席（　）
59 災害（　）
60 停車（　）
61 支持（　）
62 出欠（　）
63 快勝（　）
64 採取（　）

65 発芽（　）
66 営業（　）
67 満足（　）
68 悪行（　）
69 因果（　）
70 決心（　）
71 集散（　）
72 美談（　）

ワンポイント

●漢字の基本は二字じゅく語

漢字の特ちょうの一つは、一字ずつが確実に意味をもっているということでしょう。カタカナやひらがな、アルファベットなどでは、一字ずつには意味がありません。一字ずつに意味がある漢字を、二字、三字、四字と組み合わせたものがじゅく語です。

じゅく語の基本は二字じゅく語です。というのも、三字じゅく語は二字じゅく語プラス一字、四字じゅく語は二字じゅく語プラス二字じゅく語である場合が多いのです。

漢字力がつく

漢字は**表意文字**（一字一字が意味を表す文字）で、**じゅく語**では意味のある二つの字が重なるので、その結びつき方に注目しましょう。

20 じゅく語を作る

——漢字の意味的な結びつきに注意しよう

よく出る

合格	もう一歩	がんばれ
(72〜50)	(49〜37)	(36〜　)

得点

上の読みの漢字を□の中から選び、(　)にあてはめてじゅく語を作りなさい。答えは記号で(　)に書きなさい。

1

タイ　(1　)度・(2　)談・軍(3　)

ショウ　(4　)明・(5　)待・合(6　)

ア 招　イ 隊　ウ 態　エ 唱　オ 証　カ 待
キ 商　ク 対　ケ 章　コ 台　サ 象　シ 帯

2

ヨウ　(1　)器・(2　)分・必(3　)

キ　(4　)本・(5　)定・(6　)港

ア 要　イ 機　ウ 規　エ 季　オ 容　カ 希
キ 寄　ク 曜　ケ 養　コ 喜　サ 陽　シ 基

3

テイ　(1　)案・日(2　)・(3　)車

ホウ　(4　)告・(5　)作・(6　)帯

ア 豊　イ 底　ウ 提　エ 法　オ 程　カ 放
キ 停　ク 方　ケ 報　コ 包　サ 庭　シ 低

4

カイ　(1　)速・(2　)良・正(3　)

エイ　(4　)久・公(5　)・(6　)星

ア 英　イ 解　ウ 永　エ 営　オ 快　カ 栄
キ 改　ク 械　ケ 泳　コ 界　サ 衛　シ 開

5

ヒ　学(1　)・(2　)来・(3　)料

セイ　財(4　)・(5　)神・手(6　)

ア 省　イ 飛　ウ 成　エ 皮　オ 肥　カ 清
キ 精　ク 費　ケ 政　コ 悲　サ 非　シ 製

6

サイ　(1　)害・(2　)点・夫(3　)

ドウ　(4　)像・(5　)入・労(6　)

ア 菜　イ 働　ウ 採　エ 銅　オ 動　カ 災
キ 祭　ク 堂　ケ 最　コ 導　サ 妻　シ 童

7

カン	タ（1）・（2）線・習（3）
ケン	事（4）・（5）査・保（6）

ア 完　イ 刊　ウ 官　エ 検　オ 険　カ 件
キ 幹　ク 建　ケ 県　コ 慣　サ 験　シ 関

8

シ	（1）店・（2）望・牧（3）
フ	公（4）・主（5）・（6）県

ア 不　イ 志　ウ 負　エ 士　オ 支　カ 布
キ 史　ク 婦　ケ 試　コ 付　サ 師　シ 府

9

サン	（1）成・（2）考・（3）性
ハン	（4）画・（5）罪・（6）別

ア 算　イ 半　ウ 賛　エ 参　オ 犯　カ 散
キ 板　ク 版　ケ 酸　コ 判　サ 産　シ 飯

10

カ	（1）面・（2）能・高（3）
ジョウ	（4）約・礼（5）・非（6）

ア 課　イ 常　ウ 価　エ 乗　オ 場　カ 可
キ 状　ク 果　ケ 化　コ 条　サ 仮　シ 上

11

コ	事（1）・（2）形・（3）性
チョウ	出（4）・快（5）・手（6）

ア 戸　イ 帳　ウ 固　エ 町　オ 湖　カ 朝
キ 庫　ク 張　ケ 個　コ 調　サ 故　シ 兆

12

イ	（1）置・周（2）・（3）動
エイ	（4）遠・（5）語・（6）業

ア 以　イ 栄　ウ 医　エ 営　オ 永　カ 囲
キ 泳　ク 移　ケ 英　コ 居　サ 衛　シ 位

漢字力がつく

一つ一つの漢字の意味を思い出し、**じゅく語**がどのような組み立てになっているかを考えると、その**じゅく語**のおおよその意味を知ることができます。

21 部首①

——部首は漢字の組み立ての部分であり、字を分類する目印

よく出る

合格	(43〜31)
もう一歩	(30〜23)
がんばれ	(22〜)

得点

❶ 次の漢字に共通する部首を（　）の中に書きなさい。

〈例〉 湖 治 池 河 海 （氵）

1 貸 質 財 貯 負 （　）
2 指 技 招 提 持 （　）
3 努 勢 勉 動 助 （　）
4 志 態 悲 悪 急 （　）
5 査 未 束 栄 来 （　）
6 止 武 歴 正 歩 （　）
7 箱 築 節 笛 筆 （　）
8 識 講 許 設 評 （　）
9 右 可 問 司 和 （　）
10 画 申 町 留 男 （　）
11 刊 前 別 則 利 （　）

12 額 領 順 顔 願 （　）
13 燃 災 焼 灯 炭 （　）
14 陽 陸 防 階 限 （　）
15 昼 暑 景 易 暴 （　）
16 敗 整 散 政 救 （　）
17 後 径 復 往 役 （　）
18 市 席 常 希 帯 （　）
19 庫 府 序 店 底 （　）
20 囲 図 回 団 国 （　）
21 型 圧 墓 堂 報 （　）
22 南 半 博 卒 千 （　）
23 会 倉 令 余 今 （　）

❷ 次のひらがなで示された部首名をふくむ漢字一字を（　）の中から選び、その記号を（　）に書きなさい。

〈例〉 さんずい（ア形　イ冷　ウ池　エ営）（ウ）

□ 1 しめすへん（ア覚　イ祭　ウ祝　エ複）（　）

□ 2 め（ア見　イ県　ウ貝　エ具）（　）

□ 3 おおざと（ア郡　イ里　ウ限　エ険）（　）

□ 4 ひとやね（ア合　イ命　ウ余　エ食）（　）

□ 5 やまいだれ（ア厚　イ屋　ウ病　エ康）（　）

□ 6 くさかんむり（ア墓　イ菜　ウ夢　エ漢）（　）

□ 7 くち（ア名　イ兄　ウ加　エ足）（　）

□ 8 ぼう たてぼう（ア田　イ出　ウ中　エ旧）（　）

□ 9 ぎょうにんべん（ア街　イ径　ウ衛　エ術）（　）

□ 10 の はらいぼう（ア千　イ支　ウ史　エ久）（　）

□ 11 た（ア略　イ思　ウ細　エ勇）（　）

□ 12 のぶん ぼくづくり（ア牧　イ営　ウ敗　エ在）（　）

□ 13 つち（ア去　イ堂　ウ寺　エ幸）（　）

□ 14 うかんむり（ア字　イ案　ウ究　エ容）（　）

□ 15 まだれ（ア序　イ応　ウ厚　エ席）（　）

□ 16 こざとへん（ア野　イ都　ウ術　エ隊）（　）

□ 17 れんが れっか（ア魚　イ照　ウ黒　エ鳥）（　）

□ 18 つかんむり（ア学　イ労　ウ巣　エ挙）（　）

□ 19 きん おのづくり（ア断　イ折　ウ近　エ均）（　）

□ 20 るまた ほこづくり（ア留　イ殺　ウ役　エ投）（　）

ワンポイント

● まぎらわしい部首

① 「おおざと」と「こざとへん」
- おおざと——都　部
- こざとへん—院　階　陽

② 漢字のどこに位置するかで呼《よ》び名が変わるもの
- つちへん↓場
- つち↓型
- き↓本
- きへん↓村

漢字力がつく

部首は、漢字をグループ分けするときの基準となる部分です。そして、多くの場合、その漢字の意味を表す部分でもあります。つまり、部首がわかれば、その漢字がどんな事がらに関係する字であるかがわかることがあるのです。

22 部首②

——部首の種類は、へん・つくり・かんむり・あし・たれ・にょう・かまえに大別される。

よく出る

合格	もう一歩	がんばれ
(54〜38)	(37〜28)	(27〜　)

得点

❶ 次の漢字の部首と部首名を後の□の中から選び、記号で書きなさい。

〈例〉訓（お）（イ）

1 郡（　）（　）
2 益（　）（　）
3 因（　）（　）
4 複（　）（　）
5 英（　）（　）

あ 木　い 灬　う 衤　え 皿　お 言
か 艹　き 阝　く 卩　け 礻　こ 囗

ア くにがまえ　イ ごんべん　ウ き
エ くさかんむり　オ おおざと　カ こざとへん
キ さら　ク れんが・れっか　ケ しめすへん
コ ころもへん

❷ 次の漢字の部首と部首名を後の□の中から選び、記号で書きなさい。

1 兆（　）（　）
2 招（　）（　）
3 相（　）（　）
4 管（　）（　）
5 店（　）（　）
6 則（　）（　）

あ カ　い 广　う 豕　え 扌　お 土
か 冖　き 目　く 刂　け ⺍　こ 儿
さ 月　し ⺮

ア たけかんむり　イ ひとあし・にんにょう
ウ しょう　エ りっとう　オ てへん　カ ちから
キ まだれ　ク ぶた・いのこ　ケ つち　コ つき
サ め　シ わかんむり

❸ 次の漢字の部首を書き、部首名を後の□の中から選び、記号で書きなさい。

		部首	部首名
□ 1	席・布	（　）	（　）
□ 2	好・婦	（　）	（　）
□ 3	賛・費	（　）	（　）
□ 4	究・空	（　）	（　）
□ 5	罪・置	（　）	（　）
□ 6	税・程	（　）	（　）
□ 7	製・表	（　）	（　）
□ 8	迷・逆	（　）	（　）
□ 9	減・液	（　）	（　）
□ 10	飼・養	（　）	（　）
□ 11	配・酸	（　）	（　）
□ 12	局・属	（　）	（　）
□ 13	増・均	（　）	（　）
□ 14	類・領	（　）	（　）
□ 15	禁・票	（　）	（　）
□ 16	得・復	（　）	（　）

ア のぎへん　イ おおがい
ウ あなかんむり　エ とりへん
オ おんなへん　カ しょくへん
キ かばね・しかばね　ク つちへん
ケ さんずい　コ しめす
サ かい・こがい　シ ころも
ス ぎょうにんべん　セ はば
ソ しんにょう・しんにゅう
タ あみがしら・あみめ・よこめ

漢字力がつく
同じ部首でも、漢字のどこに位置するかによって、形や名前が変化することがあります。

23 筆順・総画数 ①

——筆順の大原則は「左から右へ」「上から下へ」

合格
(77〜54)
もう一歩
(53〜39)
がんばれ
(38〜　)
得点

❶ 次の漢字の太い画の点や線は、何番目に書きますか。算用数字（1、2、3、…）で書きなさい。

1 術（　）
2 布（　）
3 績（　）
4 舎（　）
5 防（　）
6 職（　）
7 報（　）
8 囲（　）
9 個（　）
10 制（　）
11 価（　）

12 質（　）
13 眼（　）
14 豊（　）
15 属（　）
16 団（　）
17 準（　）
18 破（　）
19 貿（　）
20 導（　）
21 逆（　）
22 毒（　）

23 効（　）
24 減（　）
25 寄（　）
26 状（　）
27 衛（　）
28 河（　）
29 圧（　）
30 粉（　）
31 略（　）
32 営（　）
33 講（　）

34 似（　）
35 際（　）
36 演（　）
37 往（　）
38 適（　）
39 絶（　）
40 務（　）
41 非（　）
42 義（　）
43 災（　）
44 素（　）

45 版（　）
46 解（　）
47 犯（　）
48 証（　）
49 武（　）
50 謝（　）
51 雑（　）
52 脈（　）
53 序（　）
54 快（　）
55 墓（　）

❷例にならって次の漢字の筆順を書きなさい。

〈例〉位（ノ　亻　亻'　亻亡　位　位）

□1 楽（　　）
□2 可（　　）
□3 険（　　）
□4 像（　　）
□5 築（　　）
□6 性（　　）
□7 総（　　）
□8 殺（　　）
□9 額（　　）
□10 貧（　　）
□11 夢（　　）
□12 飛（　　）

□13 旗（　　）
□14 過（　　）
□15 堂（　　）
□16 必（　　）
□17 留（　　）
□18 乗（　　）
□19 燃（　　）
□20 席（　　）
□21 帯（　　）
□22 械（　　）

ワンポイント

●誤《あやま》りやすい筆順の漢字

年 赤 車 右 出 左 気
通 麦 国 黄 弓 歌 何

道 安 駅 化 階 区 県
幸 報 取 州 使 薬 旅
希 極 別 承 句 率 状

漢字力がつく

一つの文字を書いていくときの決まった順序（書き順）を**筆順**といいます。漢字は**点**と**線**でできています。この点や線を**画**といい、一つの漢字を組み立てている画の数を**画数**といいます。

24 筆順・総画数 ②

——画数はその字を何回で書くかという数

合格	(70〜49)
もう一歩	(48〜36)
がんばれ	(35〜　)

得点

❶ 次の漢字の太い画のところは筆順の何画目ですか。また総画数は何画ですか。算用数字（1、2、3、…）で書きなさい。

（何画目）（総画数）

1 像
2 編
3 断
4 慣
5 潔
6 織
7 評
8 興
9 航
10 皮
11 再
12 救
13 備
14 率
15 妻
16 酸
17 構
18 罪
19 登
20 易
21 婦
22 師
23 確
24 基
25 張
26 常
27 勢

❷ 次の漢字の中で総画数が他とちがうものをそれぞれ選び、記号で答えなさい。

〈例〉〔ア 令 イ 未 ウ 礼 エ 肉〕（エ）

□ 1〔ア 件 イ 他 ウ 圧 エ 号〕（　）
□ 2〔ア 参 イ 注 ウ 限 エ 板〕（　）
□ 3〔ア 職 イ 績 ウ 額 エ 観〕（　）
□ 4〔ア 用 イ 必 ウ 布 エ 比〕（　）
□ 5〔ア 寄 イ 液 ウ 眼 エ 検〕（　）
□ 6〔ア 迷 イ 独 ウ 肥 エ 政〕（　）
□ 7〔ア 測 イ 貧 ウ 提 エ 減〕（　）
□ 8〔ア 採 イ 修 ウ 耕 エ 脈〕（　）

❸ 次の漢字をそれぞれ画数が少ない順に並《なら》べかえなさい。

〈例〉〔決・安・岸〕（安 → 決 → 岸）

□ 1〔面・述・防〕（　→　→　）
□ 2〔犯・応・因〕（　→　→　）
□ 3〔桜・率・属〕（　→　→　）
□ 4〔鉱・検・移〕（　→　→　）
□ 5〔経・師・程〕（　→　→　）
□ 6〔再・価・序〕（　→　→　）
□ 7〔墓・提・規〕（　→　→　）
□ 8〔豊・営・領〕（　→　→　）

漢字力がつく

画数は**筆順が基準**になります。画数を数えるときの注意点は、**ひとつづきに書く線は、一画**として数えるということです。

25 漢字と送りがな ①

漢字の読み方によって送りがなのつけ方が異なる

よく出る

合格	もう一歩	がんばれ
(48〜34)	(33〜25)	(24〜)

得点

次の——線のカタカナを○の中の漢字と送りがな(ひらがな)で(　)に書きなさい。

〈例〉 (正) タダシイ字を書く。 (正しい)

□ 1 (営) 駅前で食堂をイトナム。 (　)

□ 2 (迷) 森の中で道にマヨウ。 (　)

□ 3 (招) 家に友人をマネク。 (　)

□ 4 (耕) 畑をタガヤシて花の種をまく。 (　)

□ 5 (易) 今回のテストは案外ヤサシイ。 (　)

□ 6 (備) 合唱祭にソナエて練習する。 (　)

□ 7 (寄) 荷物を部屋のすみにヨセル。 (　)

□ 8 (現) 薬の効果がアラワレル。 (　)

□ 9 (移) 本箱を部屋のすみにウツス。 (　)

□ 10 (勢) 川の水がイキオイよく流れる。 (　)

□ 11 (豊) 緑のユタカナ公園を散歩する。 (　)

□ 12 (囲) 友人にカコマレて楽しむ。 (　)

□ 13 (解) 難《むずか》しい問題がトケル。 (　)

□ 14 (述) 電話でお礼をノベル。 (　)

□ 15 (任) 係の仕事を六年生にマカセル。 (　)

□ 16 (燃) 音楽の研究に情熱をモヤス。 (　)

□ 17 (逆) 弟はわたしにサカラウ。 (　)

□ 18 (貧) 心のマズシイ人になりたくない。 (　)

□ 19 (確) 番号をタシカメて電話をかける。 (　)

□ 20 (永) 世の中に名をナガク残す。 (　)

□ 21 (志) 姉は小説家をコロロザシている。 (　)

□ 22 (減) ごみをヘラス努力をする。 (　)

□ 23 (留) たくさんの鳥が目にトマル。 (　)

□ 24 (移) 計画を実行にウツス。 (　)

□ 25 (築) 土手を守るため石がきをキズク。 (　)

□ 26 (比) 昨年とクラベて雨の日が多い。（　）

□ 27 (断) 妹に服を貸すのをコトワル。（　）

□ 28 (慣) 仕事にナレルまで三年かかった。（　）

□ 29 (独) ヒトリで家まで歩いて帰る。（　）

□ 30 (構) 打者がバットをカマエル。（　）

□ 31 (省) 時間がないので説明をハブク。（　）

□ 32 (混) 青と白の絵の具をマゼル。（　）

□ 33 (破) 転んで上着がヤブレル。（　）

□ 34 (努) 安全運転にツトメル。（　）

□ 35 (増) 大雨で川の水量がフエル。（　）

□ 36 (支) かたむいた木を丸太でササエル。（　）

□ 37 (保) 室内の温度を一定にタモツ。（　）

□ 38 (例) 美しい花にタトエル。（　）

□ 39 (責) 悪いことをした自分をセメル。（　）

□ 40 (測) プールの水温をハカル。（　）

□ 41 (犯) 罪をオカシタ時は反省だ。（　）

□ 42 (示) 弟に投げる手本をシメス。（　）

□ 43 (限) 図書室の利用は在校生にカギル。（　）

□ 44 (率) かんとくが選手団をヒキイル。（　）

□ 45 (情) 人のナサケが身にしみる。（　）

□ 46 (曲) 事実をマゲルことなく話した。（　）

□ 47 (設) 会場に休けい所をモウケル。（　）

□ 48 (絶) 行列はタエルことがない。（　）

ワンポイント

●送りがなの基本原則をまず理解する

活用のある語(語形が変化する)は活用語尾《ごび》(変化する部分)を送ります。

動詞《し》なら「書く」「生きる」「考える」のように、形容詞なら「寒い」「高い」のように送るということです。

ただし、「美しい」のような変化しない部分が「し」で終わる形容詞は、「し」から送ります。

漢字力がつく

漢字を訓読みするとき、読みまちがえのないようにするために漢字の下につける「かな」のことを**送りがな**といいます。この送りがなによって、その漢字の表す意味がはっきりするのです。

26 漢字と送りがな ②

――送りがなの基本原則をまず理解する

よく出る

合格	もう一歩	がんばれ
(48〜34)	(33〜25)	(24〜　)

得点

次の――線のカタカナを○の中の漢字と送りがな(ひらがな)で(　)に書きなさい。

〈例〉 (正) タダシイ字を書く。 (正しい)

1 (久) おばとはヒサシク会っていない。 (　)
2 (肥) 畑の作物にコヤシをあたえる。 (　)
3 (導) 幼《おさな》い子をやさしくミチビク。 (　)
4 (険) ケワシイ山道を登る。 (　)
5 (救) けがをした小鳥をスクウ。 (　)
6 (再) 帰国してフタタビ外国へ行った。 (　)
7 (改) 注意されて行いをアラタメル。 (　)
8 (喜) 父のヨロコブ顔が見たい。 (　)
9 (働) となり町の工場でハタラク。 (　)
10 (造) 都心にビルをツクル。 (　)
11 (周) 池のマワリに木を植える。 (　)
12 (暴) 小鳥がかごの中でアバレル。 (　)

13 (過) 楽しい夏休みをスゴス。 (　)
14 (余) 夕食用の材料がアマル。 (　)
15 (少) 人数がスクナイので仕事がきつい。 (　)
16 (修) 大学で医学をオサメル。 (　)
17 (挙) 候補者として名がアガル。 (　)
18 (務) 話し合いの司会者をツトメル。 (　)
19 (細) 野菜をコマカク切ってください。 (　)
20 (浴) ふろ場で水をアビル。 (　)
21 (建) 広い家をタテル。 (　)
22 (続) 地道な努力をツヅケル。 (　)
23 (防) 交通ルールを守り事故をフセグ。 (　)
24 (語) 家庭を楽しいカタライの場にする。 (　)
25 (厚) アツイ板をのこぎりで切る。 (　)

□ 26 (重)つくえの上に本をカサネル。（　　）
□ 27 (起)早く**オキル**と気持ちがよい。（　　）
□ 28 (直)朝食後**タダチニ**出発する。（　　）
□ 29 (帯)庭のトマトが赤みを**オビル**。（　　）
□ 30 (積)工事にかかる費用を見**ツモル**。（　　）
□ 31 (短)弟のかみの毛は**ミジカイ**。（　　）
□ 32 (計)早く着工するよう取り**ハカラウ**。（　　）
□ 33 (交)友好的な**マジワリ**を結んだ。（　　）
□ 34 (明)東の空が**アカルム**。（　　）
□ 35 (散)部屋におもちゃが**チラカル**。（　　）
□ 36 (唱)寺の本堂でお経を**トナエル**。（　　）
□ 37 (選)クラスの役員を**エラブ**。（　　）
□ 38 (別)学校の前で友だちと**ワカレル**。（　　）
□ 39 (快)弟のたのみを**ココロヨク**受ける。（　　）

□ 40 (整)身なりを**トトノエ**て室内に入る。（　　）
□ 41 (試)新しい方法を**ココロミル**。（　　）
□ 42 (最)国語は**モットモ**得意な科目だ。（　　）
□ 43 (転)ボールを庭で**コロガス**。（　　）
□ 44 (勇)強敵に**イサマシク**立ち向かう。（　　）
□ 45 (加)三に五を**クワエル**。（　　）
□ 46 (欠)一人も**カケル**ことなく出席した。（　　）
□ 47 (果)さいふを落としてこまり**ハテル**。（　　）
□ 48 (求)旅先で茶わんを**モトメル**。（　　）

ワンポイント

●**送りがなは訓読みの力を問われる**

送りがなの問題では、どれだけ漢字の訓読みを理解しているかがポイントになってきます。つまり、動詞《し》や形容詞など、活用がある語の語幹(変化しない部分)を正しく理解しているかということです。例えば、「起」の字の場合、「起きる」「起こす」とあり、文章中の意味によって、送りがなを的確に選ばなければなりません。

漢字力がつく

送りがなの出題は、内閣《かく》告示の「送り仮名《がな》の付け方」がよりどころとなっています。とくに「**単独の語**」における使い方によって形が変わることがあるので注意しましょう。示す(示さない　示した　示せば　示そう)

実力完成テスト (1)

答えには、常用漢字の旧字体や表外漢字および常用漢字音訓表以外の読みを使ってはいけない。

時間 60分　合格点 140/200　得点

(一) 次の——線の漢字の読みをひらがなで書きなさい。 (20) 1×20

1 友だちが険しい顔つきになった。（　　）
2 選手が集まって作戦を練る。（　　）
3 国産の人工衛星を打ち上げる。（　　）
4 夏休み前に有意義な話を聞いた。（　　）
5 病院で血液型を調べてもらった。（　　）
6 タンポポの綿毛をふき飛ばす。（　　）
7 弟は鉄棒《ぼう》の逆上がりが得意だ。（　　）
8 おじはぼくの家に同居している。（　　）
9 初夏のしお風が快い。（　　）

(二) 次の——線のカタカナを○の中の漢字と送りがな(ひらがな)で書きなさい。 (10) 2×5

〈例〉 (投)ボールをナゲル。(投げる)

1 (比)昨年とクラベて雨の日が多い。（　　）
2 (任)会場のかざりつけをマカサれた。（　　）
3 (移)遠くの町にウツリ住む。（　　）
4 (混)黒と白のマザッタ灰色だ。（　　）
5 (久)ヒサシぶりに祖父の家へ行った。（　　）

(三) 次の漢字の部首名と部首を書きなさい。部首名は、後の□から選んで記号で答えなさい。 (10) 1×10

〈例〉 林・村　部首名（エ）　部首（木）

(四) 次の漢字の太い画のところは筆順の何画目か、また総画数は何画か、算用数字(1、2、3、…)で答えなさい。 (10) 1×10

〈例〉 投　何画目（5）　総画数（7）

漢字	何画目	総画数
犯	(1)	(2)
耕	(3)	(4)
義	(5)	(6)
弁	(7)	(8)
織	(9)	(10)

10 水田に農薬を散布する。（　　）
11 大きな波が岩に打ち寄せる。（　　）
12 母は用件を伝えて外出した。（　　）
13 気象台が予報を出す。（　　）
14 兄は水泳クラブに所属している。（　　）
15 台風にそなえ護岸工事を進める。（　　）
16 花だんを耕して球根を植えた。（　　）
17 自学自習の在り方を考える。（　　）
18 大水で流された橋の復旧を急ぐ。（　　）
19 わが国は自動車の輸出が多い。（　　）
20 天災は忘《わす》れたころにやってくる（　　）

	部首名	部首
往・復	（1）	（2）
述・造	（3）	（4）
則・前	（5）	（6）
序・府	（7）	（8）
寄・容	（9）	（10）

ア りっとう　イ にんべん
ウ にすい　エ きへん
オ しんにょう・しんにゅう
カ ぎょうにんべん
キ かいへん　ク かねへん
ケ うかんむり　コ まだれ
サ ふるとり

（五） 漢字を二字組み合わせたじゅく語では、二つの漢字の間に意味の上で、次のような関係があります。 (20) 2×10

ア 反対やついになる意味の字を組み合わせたもの。（例…上下）
イ 同じような意味の字を組み合わせたもの。（例…森林）
ウ 上の字が下の字の意味を説明（修しょく）しているもの。（例…漢字）
エ 下の字から上の字へ返って読むと意味がよくわかるもの。（例…出題）

次の**じゅく語**は、右のア〜エのどれにあたるか、**記号**で答えなさい。

1 新旧（　　）
2 因果（　　）
3 県境（　　）
4 計測（　　）
5 採光（　　）
6 進路（　　）
7 快晴（　　）
8 挙手（　　）
9 物価（　　）
10 清潔（　　）

(六) 次のカタカナを漢字になおし、一字だけ書きなさい。 (20) 2×10

1 不トウ一（　）
2 ボウ風雨（　）
3 調サ官（　）
4 準決ショウ（　）
5 好成セキ（　）
6 ニ顔絵（　）
7 所ザイ地（　）
8 キ本線（　）
9 無意シキ（　）
10 オウ接室（　）

(七) 後の□の中のひらがなを漢字になおして、対義語（意味が反対やついになることば）と、類義語（意味がよくにたことば）を書きなさい。□の中のひらがなは一度だけ使い、漢字一字を書きなさい。 (20) 2×10

対義語

1 固定—（　）動

(八) 上の読みの漢字を□の中から選び、（　）にあてはめてじゅく語を作りなさい。答えは記号で書きなさい。 (12) 2×6

カ	サイ
通（1　）・（2　）説	（4　）集・実（5　）
評（3　）	（6　）害

ア 際　イ 仮　ウ 菜　エ 可
オ 科　カ 災　キ 過　ク 妻
ケ 最　コ 価　サ 採　シ 課

(九) 漢字の読みには音と訓があります。次のじゅく語の読みは□の中のどの組み合わせになっていますか。ア～エの記号で答えなさい。 (20) 2×10

ア 音と音　イ 音と訓
ウ 訓と訓　エ 訓と音

1 布地《ぬのじ》（　）
2 酸素《さんそ》（　）
6 葉桜《はざくら》（　）
7 職場《しょくば》（　）

(十) 次の——線のカタカナを漢字になおしなさい。 (40) 2×20

1 学校の体育館がケンセツされる。（　）
2 だんろの火が静かにモえる。（　）
3 雲が赤みをオびる。（　）
4 どの服を着ようかとマヨった。（　）
5 友だちに童話の本をカす。（　）
6 左目にガンタイをつける。（　）
7 新しいチームを勝利にミチビく。（　）
8 申し出をコトワる。（　）
9 家族でセンゾの墓に参る。（　）

2 失敗―成（　）
3 損失―利（　）
4 集合―（　）散
5 応答―（　）問

い・えき・かい・こう・しつ

類義語

6 理由―原（　）
7 熱中―（　）中
8 用意―準（　）
9 家屋―住（　）
10 関心―（　）味

いん・きょ・きょう・び・む

3 化石《かせき》（　）
4 綿雲《わたぐも》（　）
5 両足《りょうあし》（　）
8 古着《ふるぎ》（　）
9 身分《みぶん》（　）
10 手製《てせい》（　）

（十） 次の――線のカタカナを漢字になおしなさい。 (18) 2×9

1 鳥小屋でニワトリを**カ**う。（　）
2 書店で辞典を**カ**う。（　）
3 図工で木**ハン**画をつくる。（　）
4 白いご**ハン**にのせる。（　）
5 紙の**ヨウ**器に入った水を飲む。（　）
6 説明の**ヨウ**点を書きとめる。（　）
7 学校の規**ソク**にしたがう。（　）
8 体重を**ソク**定する。（　）
9 筆箱の**ソク**面に名前を書く。（　）

10 百メートルを力の**カギ**り走る。（　）
11 休日の遊園地は**コンザツ**していた。（　）
12 生ごみを**ヒリョウ**に加工する。（　）
13 こづかいの**アマ**りを貯金する。（　）
14 父は胃の**シュジュツ**をした。（　）
15 **ヒョウバン**になっている本を読む。（　）
16 ハンカチで**ヒタイ**のあせをふく。（　）
17 日本は加工**ボウエキ**がさかんだ。（　）
18 名作を読んで**カンソウ**を述べる。（　）
19 **デンアツ**を調べる。（　）
20 薬も**ス**ぎれば毒になる。（　）

実力完成テスト ⑵

答えには、常用漢字の旧字体や表外漢字および常用漢字音訓表以外の読みを使ってはいけない。

時間	60分
合格点	140/200
得点	

(一) 次の――線の**漢字の読み**を**ひらがな**で書きなさい。 (20) 1×20

1 姉は草花に大変興味をもっている。（　　）
2 運動能力には個人差がある。（　　）
3 祖母は和服がよく似合う。（　　）
4 友だちにできる限り協力する。（　　）
5 昔の人は質素なくらしをしていた。（　　）
6 風雨が再び強くなってきた。（　　）
7 子どもを犯罪から守る。（　　）
8 打席に入りバットを構える。（　　）
9 市議会で予算が可決された。（　　）

(二) 次の――線の**カタカナ**を○**の中の漢字と送りがな**（**ひらがな**）で書きなさい。 (10) 2×5

〈例〉 (投) ボールを**ナゲル**。（投げる）

1 (破) 約束を**ヤブル**のはよくない。（　　）
2 (確) 左右を**タシカメ**て道路をわたる。（　　）
3 (勢) 谷川の水が**イキオイ**よく流れる。（　　）
4 (逆) 水の流れに**サカラッ**て歩く。（　　）
5 (易) この問題は**ヤサシイ**。（　　）

(三) 次の漢字の**部首名**と**部首**を書きなさい。**部首名**は、後の□から選んで**記号**で答えなさい。 (10) 1×10

〈例〉 林・村　部首名（ア）　部首（木）

(四) 次の漢字の**太い画**のところは**筆順の何画目**か、また**総画数は何画**か、**算用数字**（1、2、3、…）で答えなさい。 (10) 1×10

〈例〉 投　何画目（5）　総画数（7）

限　何画目（1）　総画数（2）
際　（3）　（4）
率　（5）　（6）
非　（7）　（8）
過　（9）　（10）

10 日増しに寒さが厳《きび》しくなる。（　）

11 校庭で木のかげの長さを測る。（　）

12 妹はミカンの酸味に顔をしかめた。（　）

13 町の風紀が乱れている。（　）

14 テニスの基本を教えてもらう。（　）

15 災害にあった人に毛布を送る。（　）

16 くふうして効率よく勉強する。（　）

17 明るい家庭生活を営む。（　）

18 苦心してクイズを解いた。（　）

19 市内の重要な文化財を見学する。（　）

20 飼い犬に手をかまれる（　）

	部首名	部首
敗・政	（1）	（2）
肥・能	（3）	（4）
応・態	（5）	（6）
属・居	（7）	（8）
無・照	（9）	（10）

ア きへん　イ うかんむり
ウ かばね・しかばね
エ にくづき　オ こころ
カ まだれ
キ のぶん・ぼくづくり
ク がんだれ　ケ てへん
コ れんが・れっか

（五）

漢字を二字組み合わせたじゅく語では、二つの漢字の間に意味の上で、次のような関係があります。

(20) 2×10

ア 反対やついになる意味の字を組み合わせたもの。（例…**上下**）
イ 同じような意味の字を組み合わせたもの。（例…**森林**）
ウ 上の字が下の字の意味を説明（修しょく）しているもの。（例…**漢字**）
エ 下の字から上の字へ返って読むと意味がよくわかるもの。（例…**出題**）

次の**じゅく語**は、右のア～エのどれにあたるか、**記号**で答えなさい。

1 集散（　）
2 衣服（　）
3 禁漁（　）
4 利害（　）
5 右折（　）
6 永住（　）
7 禁止（　）
8 着席（　）
9 安易（　）
10 永続（　）

(六) 次のカタカナを漢字になおし、一字だけ書きなさい。 (20) 2×10

1 無所ゾク（　）
2 ザイ校生（　）
3 組シキ的（　）
4 常習ハン（　）
5 消ヒ税（　）
6 想ゾウカ（　）
7 伝トウ的（　）
8 ケイ営者（　）
9 建チク中（　）
10 不信ニン（　）

(七) 後の□の中のひらがなを漢字になおして、対義語（意味が反対やついになることば）と、類義語（意味がよくにたことば）を書きなさい。□の中のひらがなは一度だけ使い、漢字一字を書きなさい。 (20) 2×10

対義語

1 減少―（　）加

(八) 上の読みの漢字を□の中から選び、（　）にあてはめてじゅく語を作りなさい。答えは記号で書きなさい。 (12) 2×6

ヒョウ	コウ
好（1　）・（2　）情 （3　）本	炭（4　）・（5　）習 （6　）造

ア 標　イ 構　ウ 氷　エ 候
オ 功　カ 航　キ 康　ク 表
ケ 票　コ 講　サ 評　シ 鉱

(九) 漢字の読みには音と訓があります。次のじゅく語の読みは□の中のどの組み合わせになっていますか。ア～エの記号で答えなさい。 (20) 2×10

ア 音と音　イ 音と訓
ウ 訓と訓　エ 訓と音

1 検査《けんさ》（　）
2 仏心《ほとけごころ》（　）
6 現場《げんば》（　）
7 合図《あいず》（　）

(十) 次の――線のカタカナを漢字になおしなさい。 (40) 2×20

1 台風が本州をオウダンする。（　）
2 自分の考えをはっきりシメす。（　）
3 熱が出たのでコナグスリを飲む。（　）
4 海外旅行をするハツユメを見た。（　）
5 天候により野菜のカカクが変わる。（　）
6 製品を海外にユシュツする。（　）
7 ヨり道をしないで家に帰る。（　）
8 食パンを分アツく切った。（　）
9 神社にミキの太いスギがある。（　）

2 理想—（　）実

3 許可—（　）止

4 共同—単（　）

5 連続—中（　）

きん・げん・ぞう・どく・だん

類義語

6 返答—（　）答

7 同意—（　）成

8 短所—（　）点

9 順番—順（　）

10 社員—（　）員

けっ・さん・じょ・しょく・おう

3 味方《みかた》（　）

4 布製《ぬのせい》（　）

5 評判《ひょうばん》（　）

8 校庭《こうてい》（　）

9 消印《けしいん》（　）

10 首輪《くびわ》（　）

(十) 次の——線のカタカナを漢字になおしなさい。 (18) 2×9

1 犬は新しい飼い主にナれた。（　）

2 非常ベルをナらす。（　）

3 古い宿シャを建てなおす。（　）

4 自分のあやまちをシャ罪する。（　）

5 とてもエイ生的な空間だ。（　）

6 エイ遠の愛を約束する。（　）

7 急行にセツ続する電車に乗る。（　）

8 セツ約して貯金する。（　）

9 ビルの建セツが進む。（　）

10 事故にはツネに気をつける。（　）

11 三つの学校がトウゴウされた。（　）

12 作文にテキセツな題名を付ける。（　）

13 タンポポはくきで花をササえる。（　）

14 新しい計画をテイアンする。（　）

15 交通キソクをきちんと守る。（　）

16 事故のゲンインをくわしく調べる。（　）

17 十五夜に月見ダンゴを食べる。（　）

18 店の場所が駅前にウツった。（　）

19 科学的にショウメイする。（　）

20 薬もノみ過ぎれば毒となる。（　）

実力完成テスト ⑶

答えには、常用漢字の旧字体や表外漢字および常用漢字音訓表以外の読みを使ってはいけない。

時間 60分　合格点 140/200　得点

（一）次の――線の漢字の読みをひらがなで書きなさい。（20）1×20

1 この町は織物業で有名だ。（　）（　）
2 ケヤキの幹でセミが鳴く。（　）（　）
3 いとこの結こん式に招かれた。（　）（　）
4 意識を集中して試合にのぞむ。（　）（　）
5 医師を志して勉強する。（　）（　）
6 公園にすべり台が設置された。（　）（　）
7 祖父と山菜を採りに行った。（　）（　）
8 寺の屋根を修復する。（　）（　）
9 賛同を得てから行動を起こす。（　）（　）

（二）次の――線のカタカナを○の中の漢字と送りがな（ひらがな）で書きなさい。（10）2×5

〈例〉投　ボールをナゲル。（投げる）

1 保　室内の温度を一定にタモツ。（　）
2 燃　ろうそくの火がモエル。（　）
3 示　筆順を黒板に書いてシメス。（　）
4 快　ココロヨイ返事をもらう。（　）
5 許　運動場の使用がユルサれた。（　）

（三）次の漢字の部首名と部首を書きなさい。部首名は、後の□から選んで記号で答えなさい。（10）1×10

〈例〉林・村　部首名（ア）　部首（木）

（四）次の漢字の太い画のところは筆順の何画目か、また総画数は何画か、算用数字（1、2、3、…）で答えなさい。（10）1×10

〈例〉投　何画目（5）　総画数（7）

	何画目	総画数
適	1（　）	2（　）
減	3（　）	4（　）
逆	5（　）	6（　）
留	7（　）	8（　）
破	9（　）	10（　）

10 はき慣れたくつで遠足に行く。（　　）
11 街角に新しい美容院ができた。（　　）
12 雲の間から満月が現れる。（　　）
13 サルの社会には序列がある。（　　）
14 案内人に導かれて寺を見学する。（　　）
15 寒いので厚着をして外出する。（　　）
16 外国からの価格の安い衣類が入る。（　　）
17 身の回りは清潔にする。（　　）
18 今日は山登りに絶好の天気だ。（　　）
19 仏の顔も三度（　　）
20 うがいをしてかぜを予防する。（　　）

	部首名	部首
堂・在	（1）	（2）
領・額	（3）	（4）
配・酸	（5）	（6）
固・団	（7）	（8）
易・暴	（9）	（10）

ア きへん　イ とりへん
ウ さむらい　エ おおがい
オ つち
カ ひとあし・にんにょう
キ かたな　ク くにがまえ
ケ ひ　コ いとへん

(五) 漢字を二字組み合わせたじゅく語では、二つの漢字の間に意味の上で、次のような関係があります。 (20) 2×10

ア 反対やついになる意味の字を組み合わせたもの。（例…**上下**）
イ 同じような意味の字を組み合わせたもの。（例…**森林**）
ウ 上の字が下の字の意味を説明（修しょく）しているもの。（例…**漢字**）
エ 下の字から上の字へ返って読むと意味がよくわかるもの。（例…**出題**）

次の**じゅく語**は、右のア〜エのどれにあたるか、**記号**で答えなさい。

1 最適（　　）
2 謝罪（　　）
3 軽重（　　）
4 貯金（　　）
5 均等（　　）
6 静脈（　　）
7 断続（　　）
8 永遠（　　）
9 消灯（　　）
10 規則（　　）

(六) 次のカタカナを漢字になおし、一字だけ書きなさい。 (20) 2×10

1 急テイ止（　）
2 住民ゼイ（　）
3 ガン科医（　）
4 直ユ入（　）
5 ドク自性（　）
6 シオ加減（　）
7 カ分数（　）
8 初出エン（　）
9 不合カク（　）
10 無表ジョウ（　）

(七) 後の□の中のひらがなを漢字になおして、対義語（意味が反対やついになることば）と、類義語（意味がよくにたことば）を書きなさい。□の中のひらがなは一度だけ使い、漢字一字を書きなさい。 (20) 2×10

対義語

1 固体―（　）体

(八) 上の読みの漢字を□の中から選び、（　）にあてはめてじゅく語を作りなさい。答えは記号で書きなさい。 (12) 2×6

セイ	ハン
統（1　）・情（2　） （3　）格	再（4　）・（5　）決 赤（6　）

ア 政　イ 板　ウ 勢　エ 判
オ 制　カ 飯　キ 坂　ク 精
ケ 犯　コ 製　サ 性　シ 半

(九) 漢字の読みには音と訓があります。次のじゅく語の読みは□の中のどの組み合わせになっていますか。ア～エの記号で答えなさい。 (20) 2×10

ア 音と音　イ 音と訓
ウ 訓と訓　エ 訓と音

1 目安《めやす》（　）
2 採決《さいけつ》（　）
6 安易《あんい》（　）
7 重箱《じゅうばこ》（　）

(十) 次の――線のカタカナを漢字になおしなさい。 (40) 2×20

1 庭のサクラが満開になった。（　）
2 今月は体重が少しフえていた。（　）
3 ニガオ絵コンクールに出品する。（　）
4 数人のゴエイが総理大臣を守る。（　）
5 手作りの人形にワタをつめる。（　）
6 セキニンを持って仕事をする。（　）
7 体内にケツエキが流れる。（　）
8 姉がドイツへリュウガクする。（　）
9 学校で身体ケンサが行われる。（　）

2 合成—分（　　）

3 子孫—先（　　）

4 肉体—（　　）神

5 結果—原（　　）

いん・えき・かい・せい・ぞ

類義語

6 教授—指（　　）

7 役目—（　　）務

8 事実—実（　　）

9 様子—状（　　）

10 保健—（　　）生

えい・さい・たい・どう・にん

---

3 無口《むくち》（　　）

4 枝葉《えだは》（　　）

5 道順《みちじゅん》（　　）

8 測定《そくてい》（　　）

9 大判《おおばん》（　　）

10 得手《えて》（　　）

(十) 次の——線の**カタカナ**を**漢字**になおしなさい。 (18) 2×9

1 広く世に**ツ**げる。（　　）

2 名人に**ツ**ぐ成績。（　　）

3 となり町に**イ**転する。（　　）

4 夏物の**イ**類をかたづける。（　　）

5 両親は生命保**ケン**に入っている。（　　）

6 ウィルスを**ケン**出する。（　　）

7 少年の**ヒ**行防止を話し合う。（　　）

8 紙で**ヒ**行機を折って遊ぶ。（　　）

9 へんとうせんが**ヒ**大している。（　　）

10 商売で大きな**リエキ**を得る。（　　）

11 日曜のデパートは大変な**コンザツ**だ。（　　）

12 **ニュウショウ**して喜ぶ。（　　）

13 この町に住んで**ヒサ**しい。（　　）

14 米から酒を**ツク**る。（　　）

15 これは**チョクセツ**聞いた話だ。（　　）

16 学校でインコを二羽**カ**っている。（　　）

17 生死の**サカイ**をさまよう。（　　）

18 選手はバスで**シュクシャ**に帰る。（　　）

19 自転車通学の**キョカ**をもらう。（　　）

20 とぶ鳥を落とす**イキオ**い（　　）

実力完成テスト ⑷

答えには、常用漢字の旧字体や表外漢字および常用漢字音訓表以外の読みを使ってはいけない。

時間 60分
合格点 140/200
得点

(一) 次の――線の漢字の読みをひらがなで書きなさい。 (20) 1×20

1 部屋のそうじを姉に任せる。(　)
2 均整のとれた体をしている。(　)
3 母に断ってから友だちと遊んだ。(　)
4 絵の具を混ぜて新しい色を作る。(　)
5 住民に包囲される。(　)
6 ゴールに向かって必死で走る。(　)
7 学校の図書室が整備された。(　)
8 休日に家族で墓参りをした。(　)
9 有名な作家の講演をきいた。(　)

(二) 次の――線のカタカナを○の中の漢字と送りがな(ひらがな)で書きなさい。 (10) 2×5

〈例〉 ㊁投 ボールをナゲル。(投げる)

1 ㊁留 かべの絵に目をトメル。(　)
2 ㊁備 台所に消火器をソナエル。(　)
3 ㊁修 研究を積み重ね学問をオサメル。(　)
4 ㊁絶 祭りの行列はタエルことなく続く。(　)
5 ㊁測 音波で深海の深さをハカル。(　)

(三) 次の漢字の部首名と部首を書きなさい。部首名は、後の□から選んで記号で答えなさい。 (10) 1×10

〈例〉 林・村　部首名（ア）　部首（木）

(四) 次の漢字の太い画のところは筆順の何画目か、また総画数は何画か、算用数字(1、2、3、…)で答えなさい。 (10) 1×10

〈例〉 投　何画目（5）　総画数（7）

護　何画目（1）　総画数（2）
常　何画目（3）　総画数（4）
職　何画目（5）　総画数（6）
舎　何画目（7）　総画数（8）
妻　何画目（9）　総画数（10）

10 昨年の秋はイネが豊かに実った。（　）

11 長い文章の一部を省略する。（　）

12 桜は日本の国花といわれている。（　）

13 各地の月別気温の統計を見る。（　）

14 議題を話し合う順序を決める。（　）

15 余りの出るわり算を習った。（　）

16 紀州の殿《との》様のお国入り。（　）

17 たんごの節句を家族で祝う。（　）

18 春から夏へと季節が移り変わる。（　）

19 学歴にこだわるな。（　）

20 花より団子（　）

	部首名	部首
功・効	（1）	（2）
菜・英	（3）	（4）
険・陸	（5）	（6）
術・街	（7）	（8）
貨・資	（9）	（10）

ア きへん　イ ぎょうにんべん
ウ ぎょうがまえ・ゆきがまえ
エ かい・こがい
オ おおがい　カ くさかんむり
キ ちから　ク りっしんべん
ケ ひとやね　コ こざとへん

（五）

漢字を二字組み合わせたじゅく語では、二つの漢字の間に意味の上で、次のような関係があります。

(20) 2×10

ア 反対やついになる意味の字を組み合わせたもの。（例…**上下**）
イ 同じような意味の字を組み合わせたもの。（例…**森林**）
ウ 上の字が下の字の意味を説明（修しょく）しているもの。（例…**漢字**）
エ 下の字から上の字へ返って読むと意味がよくわかるもの。（例…**出題**）

次の**じゅく語**は、右のア～エのどれにあたるか、**記号**で答えなさい。

1 改札（　）
2 動静（　）
3 毒虫（　）
4 過去（　）
5 熱気（　）
6 児童（　）
7 改心（　）
8 売買（　）
9 塩味（　）
10 検温（　）

（六）

次の**カタカナ**を**漢字**になおし、**一字だけ**書きなさい。

(20) 2×10

1 **サイ**出発（　　）

2 大**セッ**戦（　　）

3 高気**アツ**（　　）

4 習**カン**化（　　）

5 **ショウ**竹梅（　　）

6 消化**エキ**（　　）

7 国**サイ**化（　　）

8 典**ケイ**的（　　）

9 民**エイ**化（　　）

10 **コウ**習会（　　）

（七）

後の□の中のひらがなを漢字になおして、**対義語**（意味が反対やついになることば）と、**類義語**（意味がよくにたことば）を書きなさい。□の中のひらがなは**一度だけ**使い、**漢字一字**を書きなさい。

(20) 2×10

対義語

1 形式―内（　　）

（八）

上の読みの漢字を□の中から選び、（　）にあてはめて**じゅく語**を作りなさい。答えは**記号**で書きなさい。

(12) 2×6

ショウ	ソウ
（1　　）待・保（2　　）	（4　　）合・（5　　）庫
（3　　）売	戦（6　　）

ア 象	イ 想	ウ 相	エ 争	オ 総	カ 招
キ 送	ク 消	ケ 商	コ 倉	サ 証	シ 走

（九）

漢字の読みには**音**と**訓**があります。次の**じゅく語の読み**は□の中のどの組み合わせになっていますか。ア～エの**記号**で答えなさい。

(20) 2×10

ア 音と音　イ 音と訓
ウ 訓と訓　エ 訓と音

1 試合《しあい》（　　）

2 永遠《えいえん》（　　）

6 禁止《きんし》（　　）

7 新顔《しんがお》（　　）

（十）

次の――線の**カタカナ**を**漢字**になおしなさい。

(40) 2×20

1 赤い毛糸でマフラーを**ア**む。（　　）

2 つまらないことで意地を**ハ**る。（　　）

3 校内の**キュウギ**大会に出場する。（　　）

4 広場で思い切り**アバ**れる。（　　）

5 あまりの暑さで体重が**ヘ**る。（　　）

6 国に**ゼイキン**をおさめる。（　　）

7 人々は**マズ**しい生活を送った。（　　）

8 人気のある力士が**レンショウ**した。（　　）

9 よそ見をして**ジコ**を起こす。（　　）

2 回答―（　　）問
3 未来―（　　）去
4 現実―理（　　）
5 不便―便（　　）

か・そう・しつ・よう・り

類義語

6 火事―火（　　）
7 生産―製（　　）
8 赤字―（　　）失
9 不在―（　　）守
10 最良―（　　）好

さい・ぞう・そん・ぜっ・る

3 朝日《あさひ》（　　）
4 係長《かかりちょう》（　　）
5 東西《とうざい》（　　）
8 塩気《しおけ》（　　）
9 夢中《むちゅう》（　　）
10 谷川《たにがわ》（　　）

(十) 次の――線のカタカナを漢字になおしなさい。 (18) 2×9

1 食べスぎに注意しよう。（　　）
2 はがきに住所をスりこむ。（　　）
3 人口のトウ計をグラフに表す。（　　）
4 げん関の電トウをつける。（　　）
5 町内カイ長の話を聞く。（　　）
6 マラソンでカイ調に走る。（　　）
7 このくだものはサン味が強い。（　　）
8 市民の運動会にサン加する。（　　）
9 友人の意見にサン同する。（　　）
10 畑をタガヤしてなえを植えた。（　　）
11 この問題はとてもフクザツだ。（　　）
12 ネンガジョウのあて名を書く。（　　）
13 戦国のブシにあこがれる。（　　）
14 反対意見をノべる。（　　）
15 地しんのジョウホウが伝えられた。（　　）
16 予定外にコウロを変える。（　　）
17 テイリュウ所でバスを待つ。（　　）
18 運動会の来ひん席をモウける。（　　）
19 両国が平和ジョウヤクを結んだ。（　　）
20 ホトケの顔も三度（　　）

実力完成テスト ⑸

答えには、常用漢字の旧字体や表外漢字および常用漢字音訓表以外の読みを使ってはいけない。

時間 60分
合格点 140/200
得点

(一)

次の――線の漢字の読みをひらがなで書きなさい。 (20) 1×20

1 太い柱が重い屋根を支えている。（　）
2 今日のテストは易しかった。（　）
3 この薬はかぜによく効く。（　）
4 本日発売の新刊の本を買った。（　）
5 公園にある銅像の由来を聞く。（　）
6 伝統のある祭りに参加する。（　）
7 父の職場を弟と二人で見学した。（　）
8 救命ボートがおろされた。（　）
9 本を読んで感想を述べる。（　）

(二)

次の――線のカタカナを○の中の漢字と送りがな(ひらがな)で書きなさい。 (10) 2×5

〈例〉㊀投 ボールをナゲル。（投げる）

1 ㊀務 おじは町議会の議長をツトメル。（　）
2 ㊀過 電車が駅を通りスギル。（　）
3 ㊀責 自分をセメル必要はない。（　）
4 ㊀設 中庭に花だんをモウケル。（　）
5 ㊀謝 市民にアヤマル。（　）

(三)

次の漢字の部首名と部首を書きなさい。部首名は、後の□から選んで記号で答えなさい。 (10) 1×10

〈例〉林・村　部首名（ア）　部首（木）

(四)

次の漢字の太い画のところは筆順の何画目か、また総画数は何画か、算用数字(1、2、3、…)で答えなさい。 (10) 1×10

〈例〉投　何画目（5）　総画数（7）

往　何画目（1）　総画数（2）
武　（3）（4）
比　（5）（6）
混　（7）（8）
罪　（9）（10）

10 祖父は常に健康に注意している。（　　）
11 白いクマがおりの中で暴れる。（　　）
12 この夏の最高気温が観測された。（　　）
13 美しい銀河の写真を見た。（　　）
14 スケートぐつを弟に貸した。（　　）
15 道路標識の意味を調べよう。（　　）
16 器の容積を求める。（　　）
17 正しいリズムと音程で歌う。（　　）
18 各自が仮説を立てて実験する。（　　）
19 国会議員の資産が公開された。（　　）
20 備えあればうれいなし（　　）

	部首名	部首
布・席	（1　）	（2　）
留・畑	（3　）	（4　）
祝・祖	（5　）	（6　）
管・築	（7　）	（8　）
都・郡	（9　）	（10　）

ア きへん　イ おおざと
ウ しめすへん　エ こざとへん
オ りっとう　カ た
キ はば　ク やまいだれ
ケ あくび・かける
コ たけかんむり

（五）

漢字を二字組み合わせたじゅく語では、二つの漢字の間に意味の上で、次のような関係があります。 (20) 2×10

ア 反対やついになる意味の字を組み合わせたもの。（例…**上下**）
イ 同じような意味の字を組み合わせたもの。（例…**森林**）
ウ 上の字が下の字の意味を説明（修しょく）しているもの。（例…**漢字**）
エ 下の字から上の字へ返って読むと意味がよくわかるもの。（例…**出題**）

次の**じゅく語**は、右のア～エのどれにあたるか、**記号**で答えなさい。

1 悲喜（　　）
2 絵画（　　）
3 往来（　　）
4 着陸（　　）
5 旧友（　　）
6 増産（　　）
7 発着（　　）
8 織物（　　）
9 初夢（　　）
10 保養（　　）

(六) 次のカタカナを漢字になおし、一字だけ書きなさい。 (20) 2×10

1 不ネン物（　　）
2 最大ゲン（　　）
3 ベン護士（　　）
4 利用リツ（　　）
5 出パン社（　　）
6 ジュン備（　　）
7 イ食住（　　）
8 本カク的（　　）
9 キョ住地（　　）
10 大ギャク転（　　）

(七) 後の□の中のひらがなを漢字になおして、対義語(意味が反対やついになることば)と、類義語(意味がよくにたことば)を書きなさい。□の中のひらがなは一度だけ使い、漢字一字を書きなさい。 (20) 2×10

対義語

1 許可—（　　）止

(八) 上の読みの漢字を□の中から選び、（　）にあてはめてじゅく語を作りなさい。答えは記号で書きなさい。 (12) 2×6

キ	カン
（1　）準・法（2　） 風（3　）	（4　）例・根（5　） 血（6　）

ア 寄　イ 幹　ウ 規　エ 管
オ 器　カ 官　キ 刊　ク 紀
ケ 基　コ 慣　サ 希　シ 完

(九) 漢字の読みには音と訓があります。次のじゅく語の読みは□の中のどの組み合わせになっていますか。ア〜エの記号で答えなさい。 (20) 2×10

ア 音と音　イ 音と訓
ウ 訓と訓　エ 訓と音

1 織物《おりもの》（　　）
2 梅酒《うめしゅ》（　　）
6 残高《ざんだか》（　　）
7 接続《せつぞく》（　　）

(十) 次の——線のカタカナを漢字になおしなさい。 (40) 2×20

1 ツマと二人で旅行に出かけた。（　　）
2 姉は国語の教師をココロザす。（　　）
3 食中毒のゲンインを調べる。（　　）
4 相手の言い分をサカテに取る。（　　）
5 ゴール目指して力のカギり泳いだ。（　　）
6 災害のフッコウを手助けする。（　　）
7 冬になって湖に氷がハる。（　　）
8 友人を家にショウタイする。（　　）
9 学校から家までのリャクズをかく。（　　）

2 生産―消（　）

3 高速―（　）速

4 過度―（　）度

5 悪化―（　）転

きん・こう・ひ・てい・てき

類義語

6 活発―（　）活

7 不安―心（　）

8 分別―判（　）

9 才能―素（　）

10 規定―規（　）

かい・しつ・そく・ぱい・だん

---

3 能力《のうりょく》（　）

4 毎月《まいつき》（　）

5 枝豆《えだまめ》（　）

8 指先《ゆびさき》（　）

9 厚地《あつじ》（　）

10 位置《いち》（　）

(十) 次の――線の**カタカナ**を**漢字**になおしなさい。 (18) 2×9

1 年を**へ**てりっぱに成長した。（　）

2 職員の人員を**へ**らす。（　）

3 台風接近で船は欠**コウ**した。（　）

4 学校の**コウ**堂で音楽会を開く。（　）

5 出場した人数を**ホウ**告する。（　）

6 今年の**ホウ**作を神に願う。（　）

7 種が発芽する**ジョウ**件を調べる。（　）

8 二人は固い友**ジョウ**で結ばれる。（　）

9 特選の賞**ジョウ**をもらった。（　）

---

10 自動車の**ユシュツ**が好調だ。（　）

11 谷川を水が**イキオ**いよく流れる。（　）

12 **ニクガン**では見えない生物だ。（　）

13 国語の**セイセキ**が上がる。（　）

14 水そうでメダカを**カ**っている。（　）

15 医者が**ミャク**をとる。（　）

16 兄の申し出を**コトワ**る。（　）

17 算数の**ジュギョウ**が始まる。（　）

18 **ゲイジュツ**に国境はない。（　）

19 いろんな**タンサン**飲料が売られる。（　）

20 先んずれば人を**セイ**す（　）

資料1

部首をまちがえやすい漢字

（部首の下の漢字は、その部首に所属する漢字で、ほかの部首にまちがえやすいもの）

画数	部首	漢字	名まえ
1	丶	主	てん
	ノ	乗 久	の・はらいぼう
	亅	事 予 争	はねぼう
2	ハ	具	は
	刂	前 利 則	りっとう
	力	勝 務	ちから
	十	南 卒	じゅう
	几	処	つくえ
	凵	出	うけばこ
	刀	分 初	かたな
	匕	北	ひ
	ム	去	む
	又	取 反	また
3	口	右 商 司 問 周 句	くち
	土	報 垂	つち
	夕	夜 夢	た・ゆうべ
	士	売	さむらい
	子	学 字 季	こ
	寸	寺	すん
	干	幸 幹	かん・いちじゅう
	大	天 央 奏 奮	だい
	巾	帰 席 常 幕	はば
	弓	弱 弟	ゆみ
4	手	挙 承	て
	攵	放 敗 整	のぶん・ぼくづくり
	斗	料	とます
	日	昼 暮	ひ
	木	楽 業 案 染	き
	欠	次	あくび・かける
5	田	申	た
	目	直 相 看	め
6	羊	美 義	ひつじ
	耳	聞 聖	みみ
	肉（月）	胃 能 背	にく（にくづき）
	衣	製 裁 裏	ころも
8	隹	集	ふるとり
9	食	養	しょく
11	鳥	鳴	とり

資料2

知っておきたい対義語・類義語（一例）

対義語

◇悪化—好転
◇安全—危《き》険
◇運動—静止
◇益虫—害虫
◇円満—不和
◇往復—片《かた》道
◇解散—集合
◇合唱—独唱
◇過失—故意
◇元金—利子
◇感情—理性
◇幹線—支線
◇義務—権《けん》利
◇許可—禁止
◇形式—内容
◇原因—結果

◇健康—病気
◇現実—空想
◇減少—増加
◇原則—例外
◇交流—直流
◇賛成—反対
◇子孫—先祖
◇質疑《ぎ》—応答
◇失敗—成功
◇地味—派《は》手
◇収入—支出
◇勝利—敗北
◇進行—停止
◇生産—消費
◇前進—後退
◇全体—部分

◇続行—中止
◇損害—利益
◇単数—複数
◇着席—起立
◇点線—実線
◇得点—失点
◇苦手—得意
◇固定—移動
◇分散—集中
◇未来—過去
◇連続—断絶
◇共同—単独
◇合成—分解
◇終着—始発
◇人工—自然
◇精神—肉体

類義語

◇赤字—損失
◇安全—無事
◇案内—先導
◇音信—消息
◇技能—技術
◇価格—値《ね》段《だん》
◇関心—興味
◇簡《かん》単—容易
◇基本—根幹
◇教員—教師
◇気楽—安易
◇近所—近辺
◇向上—進歩
◇効力—効能
◇始末—処《しょ》理
◇使命—任務

◇発行—出版
◇手段《だん》—方法
◇自習—独学
◇自由—放任
◇重視《し》—尊《そん》重
◇常時—平素
◇助言—忠《ちゅう》告
◇進歩—発展《てん》
◇成果—実績
◇責務—責任
◇絶頂《ちょう》—最高
◇寸《すん》法—尺《しゃく》度
◇住居—家屋
◇短所—欠点
◇長所—美点
◇同意—賛成

◇動機—原因
◇特別—例外
◇努力—勤《きん》勉
◇日常—平素
◇反対—異《い》議
◇判断—分別
◇副業—内職
◇不安—心配
◇便利—重宝《ほう》
◇平等—均等
◇役目—任務
◇友好—親善《ぜん》
◇陽気—快活
◇様子—状態
◇理由—原因
◇留守—不在

資料3 同じ読みのじゅく語・漢字（一部6級以上の漢字・読みふくむ）

同音異義語

◇意外・以外
◇異《い》議・異《い》義・
意義
◇意志・意思・
遺《い》志
◇異《い》常・異《い》状
◇異《い》動・移動・
異《い》同
◇運行・運航
◇衛星・衛生
◇大型・大形
◇回答・解答
◇回復・快復
◇開放・解放
◇過程・課程
◇観賞・鑑《かん》賞
◇関心・感心
◇機運・気運
◇機会・器械・
機械
◇器官・気管

◇競争・競走
◇共同・協同
◇訓示・訓辞
◇群衆《しゅう》・群集
◇原型・原形
◇原始・原子
◇講演・公演
◇航海・公海
◇向学・好学・
工学
◇広告・公告
◇工作・耕作
◇工程・行程・
航程
◇広報・公報
◇国政・国勢
◇個人・故人・
古人
◇再会・再開
◇採決・裁《さい》決
◇作成・作製

◇時期・時機
◇自制・時世・
時勢・自省
◇実態・実体
◇師弟《てい》・子弟《てい》
◇辞典・事典・
字典
◇自認《にん》・自任
◇収《しゅう》集・収《しゅう》拾
◇周知・衆知
◇紹《しょう》介・照会
◇障《しょう》害・傷《しょう》害
◇少数・小数
◇食料・食糧《りょう》
◇所用・所要
◇心情・信条・
真情
◇進路・針《しん》路
◇清算・精算・
成算
◇成長・生長

◇対象・対照・
対称《しょう》
◇体制・態勢・
大勢
◇天日・天火
◇伝道・電動・
伝導
◇保健・保険
◇不幸・不孝《こう》
◇不要・不用
◇平行・並《へい》行
◇保証・保障《しょう》
◇無給・無休
◇無情・無常
◇野性・野生
◇勇退・優《ゆう》待
◇容易・用意
◇用件・要件
◇用紙・洋紙
◇用地・要地
◇両用・両様

同訓異字

◇あう（会う・合う）
◇あがる（上がる・挙がる）
◇あく（開く・空く）
◇あたたかい（暖かい・温かい）
◇あつい（暑い・熱い・厚い）
◇あやまる（誤る・謝る）
◇あらわす（表す・現す・著す）
◇うつ（討つ・打つ・撃つ）
◇うつす（移す・写す・映す）
◇うまれる（生まれる・産まれる）
◇おこる（怒る・起こる）
◇おさめる（納める・修める・
治める・収める）
◇おりる（下りる・降りる）
◇おる（折る・織る）
◇かえる（変える・代える）
◇さます（冷ます・覚ます）
◇そなえる（備える・供える）
◇たつ（裁つ・断つ・立つ・
絶つ・建つ）
◇たっとい（尊い・貴い）

◇つくる（作る・造る）
◇つとめる（努める・勤める・
務める）
◇つむ（積む・詰む）
◇とく（説く・解く）
◇とまる（止まる・留まる）
◇とる（取る・採る・捕る・執る）
◇なおす（直す・治す）
◇ながい（長い・永い）
◇なく（鳴く・泣く）
◇のぞむ（臨む・望む）
◇のぼる（登る・上る）
◇はかる（量る・計る・測る・
図る）
◇はやい（早い・速い）
◇はじめ（始め・初め）
◇まざる（混ざる・交ざる）
◇まるい（丸い・円い）
◇まわり（回り・周り）
◇やさしい（易しい・優しい）
◇やぶれる（敗れる・破れる）

メ モ

メ モ

メモ

ひっぱると，はずして使えます。

6級 漢字検定 トレーニングノート

解答編

解答編

漢字検定6級トレーニングノート

（×は、まちがえやすい例を示したものです）

●2～3ページ

1 漢字の読み

1 しょうめい
2 ふっこう ×ふくきょう
3 だいせっせん
4 ひょうか
5 そざい ×すざい
6 ぜいかん
7 かげん
8 かせつ ×かりせつ
9 きょうかい
10 かしん
11 こんざつ
12 きんもつ ×きんぶつ
13 せんどう
14 えいせい
15 とうけい
16 けいかい
17 ざんがく
18 ゆにゅう ×わにゅう
19 たんさん
20 ほうさく
21 にってい
22 きょうぎ
23 どくとく
24 きじゅん
25 しゅうり
26 どうせい
27 もうふ
28 ちょうへん
29 ひょうじ
30 じょうぎ ×ていき
31 せいび
32 ぜっさん
33 げんいん ×げいいん
34 しりょう
35 ていあん
36 こうぎ
37 きゅうじょ
38 がんか ×がんげ
39 こうか
40 しゃざい
41 りゃくず
42 ほうこく
43 しゅくしゃ
44 はんだん
45 りえき
46 おうろ
47 ぼぜん
48 たいかく
49 てきおん
50 もんく

●4～5ページ

2 漢字の読み

1 ふんまつ
2 かべん
3 きんいつ ×きんいち
4 にんめい
5 のうりつ ×のうそつ
6 ようりょう
7 いちく
8 きふ
9 そん
10 えんしゅう
11 せいげん
12 せいりょく
13 ようい ×ようえき
14 むしゃ ×ぶしゃ
15 しょうぼう
16 ひりょう
17 こすう
18 こうどう
19 むちゅう
20 ぎんが ×ぎんか
21 こうろ
22 おうたい
23 きゅうしき
24 じょうしき
25 はっかん ×ほっかん
26 そうごう
27 さいけつ
28 かんせん
29 そふ
30 ふさい
31 かんそく
32 りょうし ×ぎょし
33 ほけん

●チェックしよう

▼音読み・訓読みを理解する

漢字の読みには音読みと訓読みとがあり、漢字を覚える際には、この音読みと訓読みの両方を正確に覚える必要があります。

また、「下」（カ・ゲ・した・しも・さ〈げる〉・お〈りる〉・もと・くだ〈る〉）のように、一つの漢字で複数の読みをするものもあります。

34 じょうやく
35 えいぎょう
36 せいけつ
37 てんけん
38 ていきあつ
39 じょうけい
40 ていし
41 じょぶん ×じょもん
42 ぎゃくてん
43 しゅうい
44 ここく
45 はんこう
46 しょうじょう
47 こくじ
48 えいきゅう
49 ぞうか
50 どうみゃく

3 漢字の読み

●6～7ページ

1 ぼうふう
2 ようけん
3 しょくぎょう
4 たいど
5 せいき
6 えきたい
7 せいじ ×せいち
8 はんが
9 しょうけい ×ぞうけい
10 かんれい
11 こうざん
12 ぶっしつ
13 けいけん
14 せいせき ×じょうせき
15 ねんぶつ
16 じゅつご
17 こうせい
18 じつげん
19 ちょうさ
20 ねんりょう
21 せきにん
22 ぼうえき
23 こうち
24 かいけつ
25 しがん
26 さいせい
27 しゅちょう
28 りゅうがく ×るがく
29 じつざい
30 れきし
31 しじ
32 きょか
33 あいご
34 きんぞく
35 そうぞう
36 かさい
37 そしき ×くみしき
38 だんけつ
39 こくさい
40 せんじゅつ
41 よけい
42 せいかく
43 きょうじゅ
44 もくぞう
45 ふくすう
46 しりょう ×ひりょう
47 じゅうきょ ×じゅうしょ
48 たいひ
49 ざいさん
50 しょうしゅう

4 漢字の読み

●8～9ページ

1 うつ
2 おさ
3 い
4 た
5 き
6 つね
7 ひと
8 つみ
9 くら ×ひ
10 たも
11 ゆめ
12 きず ×きづ
13 けわ
14 な
15 なが
16 ひとまか
17 こころよ
18 つま
19 ゆきど
20 せ
21 みき
22 ま
23 そな
24 いとな
25 こた
26 お
27 ことわ
28 つく
29 ころ
30 つ
31 ふせ
32 みちび
33 へ ×え
34 はか
35 あらわ
36 こ
37 はぶ

●チェックしよう

▼訓は日本語読み

訓読みは日本語の意味を漢字にあてはめた読み方で、同じようなことがらを表すのに同じ漢字を使うため、一つの漢字でも多くの訓読みをもつものがあります。

〔生〕生きる　生《は》える　生《なま》水　生《き》まじめ　生《う》まれる　生《お》い立ち

また、訓だけしかない漢字もあり、**貝**・**畑**・**皿**・**箱**などです。

38 たね
39 かこ
40 あ
41 へ
42 まと
43 なお
44 なさ
45 つら ×つ
46 はつね
47 はかまい
48 とな
49 ぬの
50 ひく

●10〜11ページ

5 漢字の読み

1 やぶ
2 ひき ×そつ
3 つと
4 もう
5 よろこ
6 すく
7 あば
8 ふ
9 の
10 こ
11 か
12 かま
13 てまね
14 さくら
15 かぎ
16 と
17 がわ
18 いきお
19 と
20 と
21 はか
22 は
23 ゆる
24 あま
25 も
26 す
27 ゆた
28 あ ×ざい
29 ささ
30 さかあ
31 ひたい
32 か
33 えだ
34 やさ
35 あつぎ ×あつき
36 ほとけ
37 に
38 しめ
39 こころざし
40 ま
41 かり
42 ふたた
43 よ
44 たがや
45 たし ×たしか
46 さかい
47 まず
48 ひさ
49 まよ
50 わた ×めん

●12〜13ページ

6 漢字の読み

1 おとな
2 じょうず ×うわて ×かみて
3 けさ
4 どけい
5 てつだ
6 へや
7 しみず ×きよみず
8 やおや
9 ひとり
10 あす（あした）
11 まっさお
12 るす
13 きょう
14 くだもの
15 ふつか
16 かあ
17 はかせ（はくし）
18 ふたり
19 きのう（さくじつ）
20 ともだち
21 まいご
22 かわら ×かわはら
23 がっせん
24 ことし
25 けしき
26 たなばた
27 とう ×とお
28 くとうてん
29 あまど
30 ついたち（いちにち）
31 めがね（がんきょう）
32 ここち
33 にい
34 あまくだ
35 へた ×したて ×しもて
36 さらいねん ×さいらいねん
37 まじめ
38 うわぎ
39 さかや ×さけや

●チェックしよう

▼じゅく字訓《じくん》・特別な読み方

じゅく字訓とは、一字一字の読みではなく、ひとまとまりのことばとして読むものです。

これとは別に、使い方の限られた特別な音訓もあります。

例 兄弟《きょうだい》、雨雲《あまぐも》、雨《あま》具《ぐ》、合戦《かっせん》、磁石《じしゃく》、読《とう》点《てん》、再来年《さらいねん》、七日《なのか》、上着《うわぎ》、風上《かざかみ》、風車《かざぐるま》、問屋《とんや》、留守《るす》、何本《なんぼん》、酒場《さかば》、船賃《ふなちん》など。

40 かざぐるま
41 きょうだい
42 ねえ ×ねい
43 まっか
44 うわまわ
45 しら ×しろ
46 はつか
47 かなもの ×かねもの
48 ふなたび ×ふねたび
49 あまやど ×あめやど
50 こだち

7 漢字の読み

●14～15ページ

1 エ
2 ア
3 ア
4 ウ
5 イ
6 ウ
7 イ
8 ウ
9 エ
10 ア
11 ア
12 ウ
13 イ
14 エ
15 ア
16 イ
17 エ
18 ア
19 エ
20 ウ
21 ウ
22 ア
23 イ
24 ウ
25 エ
26 ア
27 イ
28 ア
29 エ
30 ウ
31 イ
32 ア
33 ウ
34 エ
35 ア
36 ウ
37 イ
38 エ
39 ア
40 ウ
41 イ
42 エ
43 ア
44 エ
45 ウ
46 ウ
47 ア
48 ウ
49 イ
50 ア
51 ウ
52 ア
53 イ
54 エ
55 ア
56 ウ
57 ア
58 イ
59 ウ
60 エ
61 ウ
62 エ
63 ア
64 イ
65 ウ
66 イ
67 ア
68 ウ
69 エ
70 ア
71 ウ
72 エ
73 ア
74 ウ
75 イ
76 ア
77 イ
78 ウ
79 エ
80 ア
81 ウ
82 ア
83 イ
84 ウ
85 エ
86 エ
87 ア
88 ウ

8 漢字の読み

●16～17ページ

1 エ
2 ア
3 ウ
4 ア
5 ア
6 ウ
7 エ
8 ウ
9 ア
10 イ
11 イ

●チェックしよう

▼音訓読み・訓音読み

じゅく語の上のほうを音で読み、下のほうを訓で読む読み方を「**重箱読み**《じゅうばこ》」といいます。「重箱」は食べ物を入れる器《うつわ》のことです。

じゅく語の上のほうを訓で読み、下のほうを音で読む読み方を「**湯桶読み**《ゆとう》」といいます。「湯桶」は湯を入れる器で、そば屋で使っています。

12 ア
13 エ
14 ウ
15 ア
16 ウ
17 エ
18 ア
19 ウ
20 イ
21 ウ
22 ア
23 ア
24 エ
25 ア
26 イ
27 ウ
28 エ
29 ア
30 ウ
31 ア
32 ア
33 エ
34 ア

35 ア
36 イ
37 ア
38 ア
39 ア
40 エ
41 ウ
42 ウ
43 ア
44 ウ
45 イ
46 ア
47 イ
48 ウ
49 ア
50 エ
51 ア
52 ウ
53 イ
54 エ
55 ア
56 ウ
57 ア

58 エ
59 ア
60 ウ
61 エ
62 ア
63 ウ
64 エ
65 ア
66 エ
67 イ
68 ア
69 ア
70 ウ
71 ア
72 ウ
73 イ
74 ウ
75 エ
76 エ
77 ア
78 イ
79 ア
80 ウ

81 イ
82 エ
83 ア
84 ア
85 ア
86 ウ
87 イ
88 ア

9 書き取り ●18〜19ページ

1 肥料
2 犯行
3 混雑 ×困雑
4 損害
5 評判
6 点検
7 工程 ×行程
8 所属
9 堂堂
10 酸素
11 規制

12 勝因 ×勝困
13 解禁 ×開禁
14 教師
15 証明 ×照明
16 夢中 ×無中
17 条約
18 配布 ×配付
19 伝統
20 住居
21 移転
22 清潔
23 事故
24 講演 ×公演
25 貿易
26 独唱
27 永遠
28 適温
29 観測
30 財産
31 政治家
32 象眼
33 祖先

34 多額
35 技術
36 構成 ×講成
37 価格
38 指導
39 念仏
40 宿舎
41 均等
42 肉眼
43 火災
44 任務
45 基準 ×規準
46 史実
47 授業
48 輸入
49 謝罪
50 回復 ×快復

10 書き取り ●20〜21ページ

1 夫妻
2 衛星 ×衛生

3 保険 ×保検
4 朝刊
5 応急
6 血液
7 設立
8 報告
9 習慣
10 招待 ×招対
11 減少 ×減小
12 短編
13 主張
14 殺害
15 許可
16 領土
17 弁当
18 素質
19 留学
20 仏像
21 防犯
22 芸術
23 銀河
24 損得
25 採集 ×採収

26 礼状
27 略図
28 気圧
29 紀元
30 幹線
31 国際
32 調査
33 有効 ×有功
34 内容
35 営業
36 改築
37 中断
38 税額
39 期限
40 在庫
41 接続
42 予防
43 逆転
44 博士
45 現像 ×現象
46 利益
47 出版
48 精神

49 歴代
50 辞職

11 書き取り

●22〜23ページ

1 増
2 備
3 構
4 築
5 再
6 厚 ×熱
7 述 ×延
8 飼
9 任
10 寄
11 得
12 編
13 率 ×卒
14 招
15 粉
16 険
17 境
18 確

19 導
20 減
21 勢
22 許
23 告
24 志
25 留 ×止
26 幹
27 余
28 迷
29 断
30 設
31 豊
32 過
33 貸
34 慣
35 常
36 燃
37 支
38 比
39 責
40 混
41 耕

42 営
43 暴
44 務 ×努
45 採
46 快
47 似
48 防
49 逆
50 示

12 書き取り

●24〜25ページ

1 限
2 減

3 格
4 確
5 営
6 栄
7 貿
8 防
9 益
10 液
11 要
12 容
13 央
14 往 ×住
15 賛
16 酸

●チェックしよう

▼文脈を手がかりに判別する

音の読み方が同じなのに、意味のちがうことばを「**同音異義語**」といいます。漢字には、同じ音のものが多いので、同音異義語がたくさんあります。同音異義語に対しては、その語の前後の文脈を手がかりにして判別することが大事です。漢字の意味をしっかり身につけましょう。

17 編
18 変
19 基
20 規
21 紀
22 規
23 序
24 助
25 均
26 禁
27 統
28 灯
29 士
30 師
31 乗
32 情
33 状
34 際
35 採
36 災
37 増
38 造
39 像
40 講
41 鉱
42 構
43 豊
44 報
45 布
46 婦
47 責
48 績
49 積
50 停
51 程
52 提

●26〜27ページ 13 書き取り

1 逆
2 坂
3 修
4 治
5 折
6 織
7 写
8 移
9 留
10 止
11 効
12 聞
13 絶
14 建 ×健
15 減
16 経
17 慣
18 鳴
19 指
20 差
21 上
22 挙
23 変
24 代
25 形
26 型
27 生
28 産
29 飼
30 買
31 直
32 治
33 冷
34 覚
35 厚
36 熱
37 解
38 説
39 申 ×甲
40 設
41 破
42 敗
43 表
44 現
45 務
46 努
47 負
48 追
49 計
50 測 ×側
51 造
52 作

●28〜29ページ 14 三字のじゅく語

1 報
2 綿
3 幹
4 祖
5 賛
6 救
7 則 ×測
8 圧
9 弁
10 税
11 似
12 住
13 素
14 証
15 酸
16 像
17 液
18 暴
19 統
20 益
21 史
22 状
23 久
24 飼
25 銅

●チェックしよう

▼じゅく語と関連づけて使い分ける

訓の読み方は同じなのに、表そうとする意味によって漢字を異にするものを**「同訓異字」**といいます。

「務める」は仕事をする。（任務）「努める」は努力する。（努力）「治める」は政治をする。（治安）「修める」は学問やわざを身につける。（修学）

26 逆
27 眼
28 謝
29 均
30 句 ×区
31 再
32 堂
33 際
34 非
35 松
36 故
37 航
38 政
39 識 ×織
40 属
41 個
42 仮 ×過
43 雑
44 経
45 情
46 留
47 績 ×積
48 条

49 像
50 演
51 慣
52 効
53 構
54 性
55 犯
56 許
57 輸
58 導
59 衛
60 復 ×複
61 鉱
62 限
63 採
64 貯
65 災
66 過 ×仮
67 減
68 桜
69 肥
70 在
71 耕

72 師
73 務
74 豊
75 境
76 馬
77 準
78 解
79 護
80 提
81 賞
82 版
83 接
84 測
85 編
86 基
87 格
88 燃
89 寄
90 保
91 確
92 査
93 技
94 術

95 質
96 独
97 殺
98 設
99 判
100 禁

15 三字のじゅく語 ●30〜31ページ

1 適
2 職
3 織
4 夢
5 積
6 現
7 精 ×性
8 舎
9 防
10 招
11 大
12 官 ×管
13 愛
14 銀
15 授 ×受
16 財
17 率
18 造
19 資
20 無
21 講
22 転
23 混
24 費
25 備

26 責 ×績
27 旧
28 応
29 河
30 婦
31 修
32 容
33 過
34 志 ×思
35 団
36 総
37 刊 ×官

●チェックしよう

▼三字のじゅく語は漢字の意味関係からとらえる

三字のじゅく語の構成の型は、「□＋□＋□」「□＋□□」「□□＋□」のいずれかです。三字のじゅく語を覚える有効な手段《だん》としてまずこのうちどの型に属するかをみきわめてください。「構成上の切れ目はどこか」「漢字の上下の関係はどうか」など、そのみきわめによって意味が変わったり、意味がとおらなくなることがあるからです。

38 居　39 初　40 築　41 械　42 張　43 額　44 態　45 武　46 能　47 比　48 検 ×険　49 価　50 勢 ×成　51 程　52 格　53 快　54 断　55 制　56 潔　57 評 ×表　58 貿　59 営　60 仏

61 罪　62 領　63 型 ×形　64 標　65 略　66 決　67 支　68 移　69 低　70 破　71 製 ×制　72 副　73 毒　74 帯　75 険　76 浴　77 医　78 粉　79 筆　80 漢　81 述　82 送　83 鏡

84 客　85 貯　86 絶　87 救　88 景　89 打　90 序　91 得　92 遊　93 産　94 協　95 便　96 義　97 司　98 往　99 管　100 録

16 対義語

● 32～33ページ

❶ 1 情　2 逆　3 敗　4 序　5 支　6 因　7 解　8 則　9 質　10 独　11 損　12 基　13 冷　14 政

❷ 1 差　2 制　3 復　4 容　5 賛　6 際　7 未　8 積　9 個　10 過　11 有　12 減　13 快　14 留

❸ 1 ア じゅしょう　イ 授
2 ア そうたい　イ 絶
3 ア ひっき　イ 述
4 ア しそん　イ 祖
5 ア せつぞく　イ 断
6 ア かど　イ 適

❹ 1 往路　2 観察　3 受領　4 現実　5 貸主　6 失敗　7 自然　8 短所　9 禁酒　10 可燃

●チェックしよう

▼できるだけ多くのじゅく語を覚える

対義語とは必ずしも反対語ではなく、**類義語**とは必ずしも同義語ではありません。

対義語・類義語について、

。対義語は、分類すると上の字か下の字が同じということが多いようです。

。一つのじゅく語に対して、類義語は数多くあります。

17 類義語

●34～35ページ

❶
1 輪
2 消
3 祖
4 配
5 賛
6 任
7 快
8 版
9 易
10 望
11 興
12 序
13 態
14 欠

❷
1 因
2 資
3 歴
4 導
5 利
6 独
7 示
8 留
9 達
10 副
11 夢
12 応
13 久
14 衛

❸
1 ア れんしゅう　イ 訓
2 ア じゅんび　イ 用
3 ア きてん　イ 知
4 ア りょかん　イ 宿
5 ア ぜんがく　イ 総
6 ア ふうしゅう　イ 慣

❹
1 任務
2 要素
3 均等
4 技術
5 再興
6 程度
7 基準（規準）
8 残額
9 記述
10 製造

18 対義語・類義語

●36～37ページ

❶
1 独
2 幹
3 黒
4 明
5 消
6 敗
7 非
8 栄
9 貿
10 接
11 陽
12 志
13 格
14 耕

❷
1 益
2 断
3 確
4 争
5 和
6 返
7 雑
8 張
9 標
10 災
11 告
12 績
13 備
14 周

❸
1 深
2 禁
3 解
4 好
5 述
6 職
7 幹
8 返
9 意
10 居
11 得
12 損
13 眼
14 資

❹
1 康
2 強
3 養
4 絶
5 部
6 保
7 緑
8 必
9 案
10 因

19 じゅく語の組み立て

●38～39ページ

1 イ
2 ア
3 ウ
4 イ
5 エ
6 ア
7 ウ
8 エ
9 ウ
10 イ
11 ア
12 イ
13 エ
14 ア
15 ウ
16 ウ
17 イ

18 エ 19 イ 20 ウ 21 ウ 22 エ 23 ア 24 ウ 25 イ 26 ウ 27 ア 28 イ 29 エ 30 イ 31 ウ 32 ア 33 ウ 34 エ 35 エ 36 ア 37 ウ 38 エ 39 イ 40 エ

41 ア 42 エ 43 ウ 44 ア 45 ウ 46 イ 47 ウ 48 ア 49 エ 50 イ 51 ウ 52 ア 53 イ 54 ウ 55 ア 56 イ 57 ウ 58 エ 59 イ 60 エ 61 イ 62 ア 63 ウ

64 イ 65 エ 66 エ 67 イ 68 ウ 69 ア 70 エ 71 ア 72 ウ

20 じゅく語を作る

● 40～41ページ

❶ 1 ウ 2 ク 3 イ 4 オ 5 ア 6 エ

❷ 1 オ 2 ケ 3 ア 4 シ 5 ウ 6 キ

❸ 1 ウ 2 オ 3 キ 4 ケ 5 ア 6 コ

❹ 1 オ 2 キ 3 イ 4 ウ 5 エ 6 サ

❺ 1 ク 2 イ 3 オ 4 ケ 5 キ 6 シ

❻ 1 カ 2 ウ 3 サ 4 エ 5 コ 6 イ

❼ 1 イ 2 キ 3 コ 4 カ 5 エ 6 オ

❽ 1 オ 2 イ 3 サ 4 カ 5 ク 6 シ

❾ 1 ウ 2 エ

●チェックしよう

▼じゅく語を訓読みして、結びつきを考える

二字以上の漢字が組み合わされてできたことばを「**じゅく語**」または「**じゅく字**」といいます。じゅく語の中でいちばん多いのが二字のじゅく語です。じゅく語を使うことで、いいたいことを少ない文字で、簡潔に表現できます。例 日照→日が照る。前進→前に進む。帰国→国に帰る。左右→左と右

3 ケ
4 ク
5 オ
6 コ

❿
1 サ
2 カ
3 ウ
4 コ
5 キ
6 イ

⓫
1 サ
2 ウ
3 ケ
4 ク
5 コ
6 イ

⓬
1 シ
2 カ
3 ク
4 オ

5 ケ
6 エ

21 部首

●42〜43ページ

❶
1 貝（かい・かいへん）
2 扌（てへん）
3 力（ちから）
4 心（こころ）
5 木（き）
6 止（とめる）
7 ⺮（たけかんむり）
8 言（ごんべん）
9 口（くち）
10 田（た）
11 刂（りっとう）
12 頁（おおがい）
13 火（ひへん）
14 阝（こざとへん）
15 日（ひ）
16 攵（のぶん・ぼくづくり）
17 彳（ぎょうにんべん）
18 巾（はば）
19 广（まだれ）
20 囗（くにがまえ）
21 土（つち）
22 十（じゅう）
23 𠆢（ひとやね）

❷
1 ウ
2 イ
3 ア
4 ウ
5 ウ
6 イ
7 ア
8 ウ
9 イ
10 エ
11 ア
12 ウ
13 イ
14 エ
15 ア
16 エ
17 イ
18 ウ
19 ア
20 イ

22 部首

●44〜45ページ

❶
1 き・オ
2 え・キ
3 こ・ア
4 う・コ
5 か・エ

❷
1 こ・イ
2 え・オ
3 き・サ
4 し・ア
5 い・キ
6 く・エ

❸
1 巾・セ
2 女・オ
3 貝・サ
4 穴・ウ
5 罒・タ
6 禾・ア
7 衣・シ
8 辶・ソ
9 氵・ケ
10 食・カ
11 酉・エ
12 尸・キ
13 扌・ク
14 頁・イ
15 示・コ
16 彳・ス

●チェックしよう

▼意味を表す代表部分が部首

①〔計・語〕言（ごんべん）はことばに関すること。
②〔列・利〕刂（りっとう）は刀や切ること。
③〔熱・点〕灬（れんが）は火や熱に関係のあること。
④〔道・近〕辶（しんにょう）は道や行くこと・進むこと。

部首の中で最も多いのが「へん」です。

23 筆順・総画数

●46〜47ページ

❶
1 9
2 丨

3 8
4 4
5 7
6 16
7 10
8 6
9 6
10 6
11 6
12 3
13 9
14 5
15 9
16 5
17 5
18 7
19 4
20 12
21 6
22 2
23 5
24 4
25 8
26 1
27 4
28 5
29 2
30 4
31 4
32 2
33 15
34 6
35 8
36 10
37 6
38 6
39 10
40 5
41 3
42 4
43 5
44 2
45 2
46 5
47 3
48 10
49 3
50 10
51 10
52 8
53 3
54 3
55 8

● 48～49ページ

24 筆順・総画数

❶
1 10・14
2 13・15
3 7・11
4 3・14
5 9・15

❷ 正解は左の図

6 11・18
7 11・12
8 11・16
9 6・10
10 1・5
11 5・6
12 7・11
13 6・12
14 3・11
15 3・8
16 7・14
17 12・14
18 6・13
19 3・12
20 6・8
21 3・11
22 4・10
23 11・15
24 6・11
25 4・11
26 1・11
27 9・13

❷
1 ア
2 ウ
3 イ
4 エ
5 エ
6 ウ
7 イ
8 ア

❸
1 防→述→面
2 犯→因→応
3 桜→率→属
4 移→検→鉱
5 師→経→程
6 再→序→価
7 規→提→墓
8 営→豊→領

● 50～51ページ

25 漢字と送りがな

1 営む
2 迷う
3 招く
4 耕し
5 易しい
6 備え
7 寄せる
8 現れる
9 移す
10 勢い
11 豊かな
12 囲まれ
13 解ける
14 述べる
15 任せる
16 燃やす
17 逆らう
18 貧しい
19 確かめ
20 永く
21 志し
22 減らす
23 留まる
24 移す
25 築く
26 比べ
27 断る
28 慣れる
29 独り
30 構える
31 省く
32 混ぜる
33 破れる
34 努める
35 増える
36 支える
37 保つ
38 例える
39 責める
40 測る
41 犯した
42 示す
43 限る
44 率いる
45 情け
46 曲げる
47 設ける
48 絶える

● 52～53ページ

26 漢字と送りがな

1 久しく
2 肥やし
3 導く
4 険しい
5 救う
6 再び
7 改める
8 喜ぶ
9 働く
10 造る
11 周り
12 暴れる
13 過ごす
14 余る
15 少ない
16 修める
17 挙がる
18 務める
19 細かく
20 浴びる
21 建てる
22 続ける
23 防ぐ

● **チェックしよう**

▼筆順の原則はこうなっている

①上から下へ
②左から右へ
③横から縦《たて》へ
④中心から左右へ
⑤外から内へ
⑥横や縦につらぬく画は最後に
⑦左ばらいから右ばらいへ
⑧横の画と左ばらい（左ばらいの方が短いとき、それが先）
⑨右上の点は最後

例 代

24 語らい
25 厚い
26 重ねる
27 起きる
28 直ちに
29 帯びる
30 積もる
31 短い
32 計らう
33 交わり
34 明るむ
35 散らかる
36 唱える
37 選ぶ
38 別れる
39 快く
40 整え
41 試みる
42 最も
43 転がす
44 勇ましく
45 加える
46 欠ける

47 果てる
48 求める

●54～57ページ 実力完成テスト(1)

(一)
1 けわ
2 ね
3 えいせい
4 ゆういぎ
5 けつえきがた
6 わたげ
7 さかあ
8 どうきょ
9 こころよ
10 さんぷ
11 よ
12 ようけん
13 きしょうだい
14 しょぞく
15 ごがん
16 たがや
17 あ
18 ふっきゅう
19 ゆしゅつ
20 てんさい

(二)
1 比べ
2 任さ
3 移り
4 混ざった
5 久し

(三)
1 カ　2 彳
3 オ　4 辶
5 ア　6 刂
7 コ　8 广
9 ケ　10 宀

(四)
1 2　2 5
3 4　4 10
5 12　6 13
7 4　8 5
9 16　10 18

(五)
1 ア
2 ア
3 ウ
4 イ
5 エ
6 ウ
7 ウ
8 エ
9 ウ
10 イ

(六)
1 統
2 暴
3 査
4 勝
5 績
6 似
7 在
8 基
9 識
10 応

(七)
1 移
2 功
3 益
4 解
5 質
6 因
7 夢
8 備
9 居
10 興

(八)
1 キ
2 イ
3 コ
4 サ
5 ア
6 カ

(九)
1 エ
2 ア
3 ア
4 ウ
5 イ
6 ウ
7 イ
8 ウ
9 エ

●チェックしよう

▼本則と許容がある送りがな

「漢字かなまじり文」を書くためには、どこまでを漢字で書き、どこからをかなで書くか、という「**送りがな**」の問題が生まれます。

・**本則**＝「送りがなの付け方」の基本法則(例 受け付ける)
・**許容**＝慣用として認められているもの(例 受付ける)

10 エ

(十)
1 飼
2 買
3 版
4 飯
5 容
6 要
7 則
8 測
9 側

(十一)
1 建設
2 燃
3 帯
4 迷
5 貸
6 眼帯
7 導
8 断
9 先祖
10 限
11 混雑
12 肥料
13 余
14 手術
15 評判
16 額
17 貿易
18 感想
19 電圧
20 過

実力完成テスト(2)

●58〜61ページ

(一)
1 きょうみ
2 こじんさ
3 にあ
4 かぎ
5 しっそ
6 ふたた
7 はんざい
8 かま
9 かけつ
10 ひま
11 はか
12 さんみ
13 ふうき
14 きほん
15 さいがい
16 こうりつ
17 いとな
18 と
19 ぶんかざい
20 か

(二)
1 破る
2 確かめ
3 勢い
4 逆らっ
5 易しい

(三)
1 キ
2 攵
3 エ
4 月
5 オ
6 心
7 ウ
8 尸
9 コ
10 灬

(四)
1 4
2 9
3 8
4 14
5 3
6 11
7 2
8 8
9 3
10 12

(五)
1 ア
2 イ
3 エ
4 ア
5 ウ
6 ウ
7 イ
8 エ
9 イ
10 ウ

(六)
1 属
2 在
3 織
4 犯
5 費
6 像
7 統
8 経
9 築
10 任

(七)
1 増
2 現
3 禁
4 独
5 断
6 応
7 賛
8 欠
9 序
10 職

(八)
1 サ
2 ク
3 ア
4 シ
5 コ
6 イ

(九)
1 ア
2 ウ
3 イ
4 エ
5 ア
6 イ
7 エ
8 ア
9 エ
10 ウ

(十)
1 慣
2 鳴
3 舎
4 謝
5 衛
6 永
7 接
8 節
9 設

(十一)
1 横断

2 示
3 粉薬
4 初夢
5 価格
6 輸出
7 寄
8 厚
9 幹
10 常
11 統合
12 適切
13 支
14 提案
15 規則
16 原因
17 団子
18 移
19 証明
20 飲

● 62～65ページ

実力完成テスト (3)

(一)
1 おりもの
2 みき
3 まね
4 いしき
5 こころざ
6 せっち
7 と
8 しゅうふく
9 さんどう
10 な
11 びよういん
12 あらわ
13 じょれつ
14 みちび
15 あつぎ
16 かかく
17 せいけつ
18 ぜっこう
19 ほとけ
20 よぼう

(二)
1 保つ
2 燃える
3 示す
4 快い
5 許さ

(三)
1 オ
2 土
3 エ
4 頁
5 イ
6 酉
7 ク
8 □
9 ケ
10 日

(四)
1 6
2 14
3 5
4 12
5 6
6 9
7 2
8 10
9 7
10 10

(五)
1 ウ
2 エ
3 ア
4 エ
5 イ
6 ウ
7 ア
8 イ
9 エ
10 イ

(六)
1 停
2 税
3 眼
4 輸
5 独
6 塩
7 仮
8 演
9 格
10 情

(七)
1 液
2 解
3 祖
4 精
5 因
6 導
7 任
8 際
9 態
10 衛

(八)
1 オ
2 ウ
3 サ
4 ケ
5 エ
6 カ

(九)
1 ウ
2 ア
3 イ
4 ウ
5 エ
6 ア
7 イ
8 ア
9 エ
10 ウ

(十)
1 告
2 次
3 移
4 衣
5 険
6 検
7 非
8 飛
9 肥

(土)
1 桜
2 増
3 似顔
4 護衛
5 綿
6 責任
7 血液
8 留学
9 検査
10 利益
11 混雑
12 入賞
13 久
14 造

15 直接
16 飼
17 境
18 宿舎
19 許可
20 勢

●66～69ページ

実力完成テスト(4)

(一)
1 まか
2 きんせい
3 ことわ
4 ま
5 ほうい
6 ひっし
7 せいび
8 はかまい
9 こうえん
10 ゆた
11 しょうりゃく
12 さくら
13 とうけい
14 じゅんじょ
15 あま
16 きしゅう
17 せっく
18 うつ
19 がくれき
20 だんご

(二)
1 留める
2 備える
3 修める
4 絶える
5 測る

(三)
1 キ　2 カ
3 カ　4 艹
5 コ　6 阝
7 ウ　8 彳
9 エ　10 貝

(四)
1 15　2 20
3 1　4 11
5 11　6 18
7 4　8 8
9 5　10 8

(五)
1 エ
2 ア
3 ウ
4 イ
5 ウ
6 イ
7 エ
8 ア
9 ウ
10 エ

(六)
1 再
2 接
3 圧
4 慣
5 松
6 液
7 際
8 型
9 営
10 講

(七)
1 容
2 質
3 過
4 想
5 利
6 災
7 造
8 損
9 留
10 絶

(八)
1 カ
2 サ
3 ケ
4 オ
5 コ
6 エ

(九)
1 イ
2 ア
3 ウ
4 エ
5 ア
6 ア
7 イ
8 エ
9 ア
10 ウ

(十)
1 過
2 刷
3 統
4 灯
5 会
6 快
7 酸
8 参
9 賛

(土)
1 編
2 張
3 球技
4 暴
5 減
6 税金
7 貧
8 連勝
9 事故
10 耕
11 複雑
12 年賀状
13 武士
14 述
15 情報
16 航路
17 停留
18 設
19 条約
20 仏

●70～73ページ

実力完成テスト(5)

(一)
1 ささ
2 やさ

20

3 き
4 しんかん
5 どうぞう
6 でんとう
7 しょくば
8 きゅうめい
9 の
10 つね
11 あば
12 かんそく
13 ぎんが
14 か
15 ひょうしき
16 ようせき
17 おんてい
18 かせつ
19 しさん
20 そな

(二)
1 務める
2 過ぎる
3 責める
4 設ける
5 謝る

(三)
1 キ 2 巾
3 カ 4 田
5 ウ 6 ネ
7 コ 8 ⺮
9 イ 10 阝

(四)
1 6 2 8
3 4 4 8
5 3 6 4
7 9 8 11
9 6 10 13

(五)
1 ア
2 イ
3 ア
4 エ
5 ウ
6 エ
7 ア
8 ウ
9 ウ
10 イ

(六)
1 燃
2 限
3 弁
4 率
5 版
6 準
7 衣
8 格
9 居
10 逆

(七)
1 禁
2 費
3 低
4 適
5 好
6 快
7 配
8 断
9 質
10 則

(八)
1 ケ
2 ウ
3 ク
4 コ
5 イ
6 エ

(九)
1 ウ
2 エ
3 ア
4 イ
5 ウ
6 イ
7 ア
8 ウ
9 エ
10 ア

(十)
1 経
2 減
3 航
4 講
5 報
6 豊
7 条
8 情
9 状

(十一)
1 妻
2 志
3 原因
4 逆手
5 限
6 復興
7 張
8 招待
9 略図
10 輸出
11 勢
12 肉眼
13 成績
14 飼
15 脈
16 断
17 授業
18 芸術
19 炭酸
20 制

●チェックしよう

▼習っていない字が読める

漢字の多くは**意味**(**部首**)と**音**の組み合わせでできています。発音を示す部分をみつけて、「○があるから△」と読むことができます。例えば、中学で習う漢字で、腰は要があるからヨウ、霜は相があるからソウと読めます。